Anonymous

Historisch-politische Betrachtungen über die Theilung

Galiziens

Anonymous

Historisch-politische Betrachtungen über die Theilung Galiziens

ISBN/EAN: 9783744623544

Hergestellt in Europa, USA, Kanada, Australien, Japan

Cover: Foto ©ninafisch / pixelio.de

Weitere Bücher finden Sie auf **www.hansebooks.com**

Historisch-politische

BETRACHTUNGEN

über die

Theilung Galiziens.

Lemberg 1862.

Gedruckt bei **M. F. Poremba**.

Vorwort.

Die hier folgenden Betrachtungen wurden im Jahre 1850 zu einer Zeit geschrieben, als sich im Lande das Gerücht von einer Theilung Galiziens in zwei Statthalterschaften, Lemberg und Krakau, verbreitete, während sie vielleicht schon beschloßen war. Die Theilung erfolgte — die Veröffentlichung dieser Betrachtungen unterblieb und sie geriethen in Vergessenheit. Nach zehnjährigem Bestande wurde die Theilung aufgehoben, und kaum ein Jahr nach erfolgter Wiedervereinigung kommen Gerüchte einer abermaligen Theilung wieder in Umlauf. Obwohl nun innerhalb dieser elf Jahre die Verhältniße im Innern des Kaiserstaates, als auch die des Auslandes eine mächtige Umwandlung erfahren haben, und eigentlich hierin noch tief verwickelt sind, so dürften doch die damaligen Ansichten auch jetzt einer Beachtung werth erscheinen, weil sie einen Gegenstand betreffen, der früher oktrohirt, dann zurückgenommen, jetzt wieder an der Tagesordnung steht, und demnach nicht wieder zum zweiten Male oktrohirt werden kann, sondern als Landes= und Reichsangelegenheit vom Ministerium den vom Monarchen bestellten legislativen Körperschaften gleich einem Reichsgesetzentwurfe zur freien Berathung überwiesen werden mag.

Man steht in dieser Frage jetzt auf konstitutionellem Boden, wo man die Erfahrungen des Landes zwar nur von etwa sechs Jahrhunderten aber immer von Zeiten sich oft wiederhohlender feindlicher Verwüstungen, abwechselnder Thrannei, Anarchie, fremder und einheimischer Diktatur=, Gewalt= und Soldatenherrschaft, Zeiten georbneter Freiheiten und Pribilegien, unter Landesherren, die mit bä=

1*

terlicher Sorgfalt das geistige und leibliche Wohl ihrer Unterthanen zu begründen, zu fördern und zu verbreiten bemüht waren, vor sich hat, und demgemäß benützen kann; das eigentliche konstitutionelle Leben nach den ausgebildeten Rechtsbegriffen der Gegenwart soll dem Lande erst unter Franz Joseph von Oesterreich gewährt und geboten werden.

Vorerst geht es dem konstitutionellen Kaiserstaate hauptsächlich nicht um die Trennung oder um Theilungen, sondern um die Eini- gung, nicht nach einer und derselben Musterform, sondern nach verschiedenen Formen, jedoch in einerlei Wesen. Daß das Einigen wie das Trennen, jedes seine Gränzen habe, die ohne Zerstörung der Wesenheit nicht verletzt werden können, wird zugestanden wer- den, was jedoch die Schwierigkeiten in Bestimmung dieser Gränzen erleichtert, ist der bemerkenswerthe Umstand, daß man diese Grän- zen aus der Geschichte herholt, und hiernach dürfte zwar nicht den Wünschen Aller, zuversichtlich aber den unverkannten wahren Bedürfnissen und den hieraus abgeleiteten, jedoch längst bestehenden Berechtigungen, welche die neuere Geschichte, die Zeit des langen innern Friedens nicht zerstört oder verwischt, sondern ohne Groll und Leidenschaft zum erneuten Fortschritt bewahrt und herangebildet hat, für die Dauer einer langen Zukunft entsprochen werden können.

Mit den hierauf gebauten Hoffnungen übergeben wir diese Blätter der dem Zweck wohlwollenden Beurtheilung der Oeffentlichkeit.

Im November 1861.

Den 26. September 1850.

Uiber die politische Eintheilung Galiziens.

Wenn es sich in früheren Zeiten um die Wirkungen neuer für die Monarchie zu erlassenden Gesetze, folglich um Erfahrungen in der Gesetzgebung handelte, so war Galizien das Land, in welchem die Gesetzentwürfe versuchsweise zuerst in Anwendung gebracht wurden, wie das Kundmachungspatent zum allgemeinen bürgerlichen Gesetzbuche vom Jahre 1811 bewährt. — Gegenwärtig, wo es die Rekonstituirung des ganzen Staatsgebäudes gilt, wozu die Erfahrungen und das Materiale in Fülle bereits vorliegen und es keiner vorläufigen Proben bedarf, werden die konstitutionellen Einrichtungen beinahe für alle Länder der Monarchie erlassen, für Galizien aber noch zurückbehalten.

Daß hier wichtige Gründe, welche den Gang der Rekonstituirung hemmen, vorhanden sein müssen, unterliegt keinem Zweifel. Es ist einerseits begreiflich, daß Kroatien, Slavonien, Ungarn und die Wojwodschaft bereits die wesentlichsten Einleitungen zur Entfaltung der neukonstitutionellen Staatsformen empfangen haben, weil die Umstände drängender, gebietherischer waren; wenn es anderseits auch erklärbar ist, warum das lombardisch-benetianische Königreich sich mit Galizien in demselben Verhältnisse befinde, ohne daß man deßhalb nach Rußland oder nach Neapel zu sehen nöthig haben mag, so sollen lediglich die Verschiedenheiten der Ansichten und deren Unvereinbarlichkeit über die politische Eintheilung Galiziens, wornach dasselbe in eine ruthenische und in eine polnische Statthalterschaft entzweit werden soll, die Zögerung herborbringen.

Es sei erlaubt diese Frage hier freimüthig, offen einer Besprechung innerhalb der Gränzen der Reichsverfassung vom 4. März 1849 zu unterziehen, wenngleich die Gegenwart mit der Vergangenheit hiebei zu Rathe gezogen werden muß.

A.

Der Kaiserstaat Oesterreich kannte vor dem März 1848 außer der historischen Länder- nur die Haupteintheilung in konskribirte

und nicht konskribirte Länder, welche wegen des nebstdem bestehen=
den Unterschiedes in der Besteuerung von den konskribirten durch
die Zoll=Linie getrennt waren, und sich mit Ausnahme der Mili=
tärgränze in vorzugsweiser Unterscheidung die konstitutionellen nen=
nen ließen, weil die Landesverfassungen der übrigen Länder man=
gelhaft und obendrein arg verwahrloset waren. In letzterer Bezie=
hung sollte die landständischen Angelegenheiten ein neues Departe=
ment der alten Hofkanzlei überwachen. In derselben Zeit kam aus
Anlaß der Wiedererwerbung Krakau's die Theilung Galiziens in
zwei Gouvernements — Ost und West — schon zur Sprache, und
sie würde auch ausgeführt worden sein, wäre der Verlust des
Freiherrn Franz Krieg schnell zu ersetzen gewesen, oder hätte
die Regierung zwei Grafen Franz Stadion gehabt, oder die
Macht des Einen durch Verkleinerung des Gouvernementsgebietes
schmälern wollen. Obgleich es Manchem schien, als ob dadurch dem
nach Gebietsvergrößerung stets geneigten Rußland, dessen starke
Armeen seit Jahren gerüstet an den Gränzen standen, der Bissen
mundgerecht vorbereitet auf den Teller gelegt würde, so würde
solche Landestheilung damals auf keinen bedeutenden Widerspruch
gestoßen sein; die ganze Angelegenheit schien sich nur um die Em=
porhebung der Hauptstädte Lemberg und Krakau und um die Thei=
lung der Landesbehörden zu bewegen. Doch schon damals war der
Gegenstand der Frage wesentlich ein anderer und die nachfolgenden
Ereignisse haben nur dazu beigetragen ihn näher zu rücken, aufzu=
klären. Dieser somit aus Unglückserfahrungen erkaufte Vortheil
möchte doch nicht verloren, nicht unbenützt bleiben.

Die Zustände, in welche in Folge der Märztage 1848 der
Kaiserstaat überhaupt gerathen war, haben an den Merkmalen sei=
ner obenbemerkten Eintheilung gerüttelt, sie stellenweise schwankend
gemacht, überfluthet. Schon durch das Patent vom 15. März
1848 wurde der Unterschied des konstitutionellen Vorzuges geeb=
net, noch weiter aber giengen die Neuliberalen und was sich ihnen
beigesellte in den meisten Ländern gemischter Nationalitäten; aus
ihren Bestrebungen schien es, als ob der Kaiserstaat nicht mehr
nach Ländern, sondern nur nach Nationalitäten eingetheilt werden

sollte. Die abentheuerlichsten Pläne und unausführbarsten Projekte kamen hier an's Tageslicht, und indem man in Erwartung kräftiger Wiedervergeltung mit Sack und Faust die an die Juden und Bauern anticipando gegebenen Concessionen zum Köder nahm — wo doch die Nothwendigkeit gewirkt hatte — verbarg man das Monstrum eigener Unduldsamkeit unter dem Mantel angeblicher Freiheit, Gleichheit, Brüderlichkeit der Nationen wie des Einzelnen. Aber die Nationalitäten griffen wieder nur nach Ländern und mancher Einzelne griff nach Macht, die nur ihm legal schien. Hiedurch wurden die Rechte seßhafter Volksstämme vielfältig beeinträchtigt, die wirklich legale Macht geschwächt, allmälich aber immer deutlicher, daß da keinerlei Eintheilung mehr genüge, wo Zertheilung angestrebt wird; so entstand hieraus nun innerer Krieg oder ein demselben gleichkommender Zustand, in welchem jede Existenz, somit auch die des Staates selbst gefährdet war.

Den Zerwürfnissen sollte durch die Reichsverfassung vom 4. März 1849 vorläufig in den Gemüthern und auf dem Papiere, durch die Armee aber thatsächlich ein gerechtes Ende gemacht werden. Beide Versuche gelangen. Die Staatseinheit Oesterreichs als Kaiserstaat mit der Reichsverfassung ist also von der aus den vereinigten Völkern Oesterreichs hervorgegangenen Armee erstegt worden. Welchem Prinzipe folgt nun dieses Reichsgrundgesetz bei der Eintheilung des Kaiserthumes — dem bisherigen historischen, oder dem der modernen Nationalitäten, oder laßen sich beide vereinigen?

I. Im §. 1. werden die Kronländer, aus denen das Kaiserthum besteht, nicht nach Nationalitäten, sondern nach ihrem bisherigen Bestand und Namen aufgezählt; aus demselben Gesichtspunkte werden auch einige neuinkorporirte Distrikte Ungarns an Siebenbürgen wieder zurückgegeben. Die einzige Ausnahme von diesem Prinzipe enthält der §. 72. Dieser beruft sich jedoch wieder auf historische — alte und neuere kaiserliche Erklärungen, kraft deren die seitdem auch erfolgte Konstituirung eines neuen Kronlandes — Wohlwodschaft Serbien, in Aussicht gestellt wird.

II. Diesen Kronländern wird ihre Selbstständigkeit innerhalb jener Beschränkungen gewährleistet, welche die Reichsverfassung feſtſtellt. (§. 4.) Die Selbſtſtändigkeit aber beſteht vor Allem in der Gebirts-Integrität, daher

III. die Gränzen (des Reiches und) der einzelnen Kronlän=
der nur durch ein Geſetz (§. 37.) verändert werden dürfen. (§. 6.)

IV. Alle Volksſtämme ſind gleichberechtigt und jeder Volks-
ſtamm hat ein unverletzliches Recht auf Wahrung und Pflege ſeiner
Nationalität und Sprache (§. 5.) Hieraus folgt:

1. Daß die Gleichberechtigung der Volksſtämme an die bis=
herige Benennung und Gränzen, an den Beſtand der Kronländer,
mithin an die bisherige Eintheilung des Kaiſerſtaates gebunden,
und dieſem Beſtande der Kronländer ebenſo untergeordnet ſein muß
als dem Beſtande und der Freiheit des Kaiſerthumes.

2. Daß die Reichsverfaſſung eine Eintheilung des Kaiſerſtaates nach Volksſtämmen und nach den Forderungen des modernen Nationalismus nicht kennt, nicht zuläßt, ſondern dieſelben vorläufig auf die Reichsverfaſſung b. i. auf den hiſtoriſchen Beſtand
(§. 1. 4.) im Weſentlichen aber an ein erſt zu erlaſſendes Geſetz
(§. 37.) verweiſet. (§. 5.)

3. Daß die Zerſtücklung eines Kronlandes zu welch immer für
einen Zweck ſowohl eine Landesangelegenheit des betreffenden Kronlandes, als auch eine Reichsangelegenheit ſei. (§. 1. 2. 4. 35. 36. 106.)

4. Daß ſomit ein ſolches Geſetz nicht im Verordnungswege
proviſoriſch, ſondern nur durch die Thätigkeit aller legislativen Ge-
walten (§. 37.) gegeben werden könne, weil hier die Dringlich=
keit, der unvermeidliche Schade, die Gefahr am Verzuge wenig-
ſtens in Bezug auf die Zertheilung Galiziens fehlet. (§. 37.)

5. Selbſt der §. 74., welcher die gleichfalls verbrieften hiſto=
riſchen Rechte der ſächſiſchen Nation nur innerhalb der Gränzen
der Reichsverfaſſung aufrecht erhält, ohne für das Sachſenland ein
eigenes Kronland zu errichten oder zu verheißen, ſpricht für dieſe
Auslegung der Reichsverfaſſung bezüglich der Eintheilung Galiziens
umſomehr, als die Ruſinen weder neue noch alte Privilegien dieſer
Art erhalten haben und aufweiſen können.

In Anwendung Alles dessen auf das Ländergebiet, welches bisher dem k. k. Gouverneur = Landes = Chef in Lemberg untersteht, wird vor Allem bemerkt, daß dasselbe Ländergebiet zwei Königreiche, ein Großherzogthum und drei Herzogthümer enthalte. Mithin scheint es hieraus, als ob durch diese Benennung und Titel die Eintheilung bereits in der Reichsoberfassung bestimmt worden sei und nur in Vollzug gesetzt zu werden brauche, wodurch jede weitere Erörterung dieser Angelegenheit von selbst entfalle. Dieß ist aber ungeachtet dieser Deutlichkeit nicht der Fall.

Uiber das neukreirte Herzogthum Bukowina, eine ehemals zur Moldau gehörige und erst im Jahre 1777 von der ottomanischen Pforte durch die Bemühungen des damaligen Internunzius Freiherrn von Thugut erworbene Landschaft entfällt hier jede Be= merkung, da die Moldau, wenn sie gleichwie die Walachei zu den Zeiten der Blüthe des polnischen Reiches diesem zinsbar gewesen und ihre Fürsten dem polnischen Könige den Vasalleneid leisteten, dennoch mit Polen niemals inkorporirt war.

Auch dürfte über das Großherzogthum Krakau keine Meinungs= verschiedenheit obwalten, wenn es nämlich nichts anders begreift, als das am Kongreße zu Wien im Jahre 1815 beschloßene und neuerrichtete Gebiet der freien, unabhängigen, strenge neutralen Stadt Krakau mit 21 Quadratmeilen, wie es im Jahre 1846 nach Verlauf von 35 Jahren wieder an Oesterreich kam, welches West= galizien vom Jahre 1796 bis zum Jahre 1809 besaß, ohne die= sem Ländergebiet, bestehend aus den Kreisen Krakau, Kielce, Ra= dom, Siedlce, Lublin und Biala, einen eigenen Fürstentitel zu verleihen.

Allein die Gebiete der beiden Herzogthümer Auschwitz (Oświę= cim) und Zator sind, seitdem sie österreichisch sind, durch kein Landesgesetz und keinen Staatsvertrag bestimmt. Noch bis über die Mitte des fünfzehnten Jahrhunderts wurden die Rechte der Krone Böhmens auf diese Herzogthümer anerkannt. Im Jahre 1454 wurde die Wahrnehmung öffentlich ausgesprochen, daß Oświęcim dem nahen Krakau lästig sei — und der gegenseitige Verkehr er= schwert; — im Jahre 1457 verkaufte Herzog Janus von Oświęcim

sein Herzogthum um fünfzigtausend Mark prager Groschen an die
Krone Polen, an welche im Jahre 1494 Herzog Janus und
seine Ehegemahlin Barbara das Herzogthum Zator gegen Bezug
einer Leibrente jährlicher 200 Mark und 17 Banko Salz überließ.
Beide Herzogthümer wurden im Jahre 1564 zu Polen einverleibt
mit der Wohlwodschaft Krakau vereiniget, und ihre damalige Aus-
dehnung, welche jetzt noch nachgewiesen werden kann, dürfte das
65 Quadratmeilen betragende Areale des jetzigen Wadowicer Krei-
ses nicht überschreiten. Eine Deklaration Oesterreichs vom Jahre
1818 bestimmt beide Herzogthümer mit 81 Quadratmeilen, als
zum deutschen Bunde gehörig; bis jetzt hat diese Erklärung keine
erweislichen politischen Folgen, sie blieben dem k. k. Gouvernement
zu Lemberg untergeordnet; das Uibermaß von 16 Quadratmeilen
betrifft demnach einige strategische Punkte, was in Bezug auf die
politische Administrationseintheilung ohne Einfluß ist. Ob hingegen
diese Deklaration vom Jahre 1818 jemals eine staatsrechtliche Bedeutung erlangen werde, ist für jetzt eine entbehrliche Erörterung.

Die in der Revindication begriffenen Theile Polens bestimmt
der Staatsvertrag vom 18. September 1773: Dextera Vistulæ
ripa a Ducato Silesiæ supra Sandomiriam usque ad ostium San. Inde
progrediendo per Fronepol versus Zamość et Rubieszow usque ad
rivum Bogum : deinde trans Bogum juxta proprios limites Russiæ
Rubræ ; unde Volhyniæ et Podoliæ limites efficiuntur, usque ad
limites Zbaraż ; inde in linea recta ad Danastrim adjecta exiquam
partem Podoliæ dirimente rivulo Podhorce ubi in Danastrim influit ;
demum limites, qui Pokutiam a Moldavia disterminant.

Man hatte nun Theile verschiedener Landschaften in ein Gan-
zes administrativ zu konstituiren, und eine Beibehaltung der früheren
Administration und Eintheilung war im Jahre 1773 ebenso un-
möglich wie gegenwärtig ein etwaiger Versuch zu derselben zurück-
zukehren. — Die Revindikation suchte ihre Berechtigung in dem
angegebenen Rechtstitel und dieser zeigt Namen früherer Jahrhunderte, wie solche selbst dem Reiche Polen nicht bekannt waren,
wo von den Königreichen Galizien und Lodomerien Niemand Kenntniß hatte, daher denn die bloßen Namen Verhältnisse früherer

Jahrhunderte wieder erweckten, die man hier als längst nicht mehr bestehend betrachtet und behandelt hatte, und die jedoch einmal wieder wachgerufen ein vollberechtigtes Dasein in Anspruch nehmen und vermöge des natürlichen Ganges der Dinge einer Entwicklung, einer Zukunft entgegengehen. Die politische Theilung des Landes ist ein Schritt, der diese Zukunft näher bringt, und hierin beruht die Wichtigkeit einer sonst weniger Bedeutung habenden Angelegenheit, welche vermöge ihrer Folgen die Aufmerksamkeit der Staatsmänner, in deren Hände die Leitung der Geschicke der Nationen des Kaiserstaates gelegt sind, um so mehr erfordert, als in dem Gange der Entwicklung selbst mit dem vollkommensten Vertrauen der Versöhnlichkeit und des besten Willens Collisionen möglich sind, wodurch nach Innen und nach Außen gewonnen oder unwiederbringlich verloren — gesegnet oder unverbesserlich verdorben werden kann. Hieraus fließt die Nothwendigkeit, sich jene früheren Jahrhunderte, mit ihren Verhältnissen zu vergegenwärtigen, um wo möglich das jetzige Stadium dieser neugeschaffenen Angelegenheit zu erkennen.

B.

Wlodimir der Große, welcher im Jahre 987 das in diesen Gegenden schon seit drei Jahrhunderten verbreitete Christenthum angenommen hatte, vereinigte unter seinem Scepter alles Land, was man später Rußland hieß, und vertheilte es bei seinem Tode unter 13 Abstämmlinge. Hiedurch wurde nicht nur ein großes Reich aufgelöset, sondern der Grund zu Familienstreitigkeiten, zu Erbfolgekriegen gelegt, in Folge deren

Andreas, königlicher Prinz von Ungarn, im Jahre 1085 in's Land kam und von Halicz — einem dieser Fürstenthümer Wlodimir's Besitz nahm. Als Königssohn (Bela's III.) konnte er nur den Königstitel führen, somit war er der erste König von Halicz oder Galizien.

Roman Mścisławicz, Fürst von Lodomerien, widersetzte sich dem Andreas von Ungarn, erst nach dreizehn Jahren gelang es ihm, den Andreas zu vertreiben (J. 1198) und Galizien

2*

zu erobern. Pabst Innocenz III. (Marsi) ließ ihm die königliche Würde antragen, allein Roman erwiederte: „so lange ich dieß (Schwert oder Szepter ergreifend) an meiner Seite haben- werde, habe ich nicht nothwendig von Jemanden Heiligkeit auszuborgen (póki go przy boku swym mieć będę, od nikogo świętości pożyczać niemam potrzeby). Wegen Lublin begann Roman mit Polen Krieg, in welchem er vor Zawichost blieb (im J. 1205). Hierauf durch= zogen die Polen Galizien, welches dadurch bedrängt, den Sohn des Andreas

Koloman, königlichen Prinzen von Ungarn, die galizi= zische Krone antrug. Der Antrag wurde mit dem Königstitel ange= nommen. Koloman ließ sich zu Halicz vom päbstlichen Legaten krönen, und verlobte sich mit Salomea, Tochter Herzogs Leszko des Weißen von Polen. Diese beiden Handlungen mit den hieraus in jener Zeit sich ergebenden Verbindungen entfremdeten ihn der Nation (Geistlichkeit und Abel), denn mit Polen war innerhalb 150 Jahren bereits der sechzehnte Krieg geführt und kaum beendiget, Verhältnissen mit Rom war die Nation stets abgeneigt.

Mścisław Mścisławicz, Roman's Bruder, zog nun gegen Koloman und nöthigte ihn aus dem Lande zu weichen, allein Koloman kehrte bald wieder zurück, und eroberte Galizien; nun aber zog

Daniel Romanowicz gegen Koloman, und zwang ihn, nachdem Daniel auch mit Leszko dem Weißen ein Bündniß geschlossen hatte, im J. 1222 zum zweiten Male das Land zu ver= laßen. Nachdem Daniel auf diese Weise Galizien und Lodomerien bereiniget hatte, nannte er sich Rex Russiæ, Galiciæ, Princeps Kijoviæ, ließ sich bei der Krönung zu Drohiczyn (im J. 1246) vom päbstlichen Legaten zwar salben (die russischen und rossyanischen Geschichtschreiber erwähnen nur der Salbung), allein von der wie= der angetragenen Vereinigung mit Rom wollte er auch nichts wissen. Wegen dieser Weigerung schenkte Pabst Alexander IV. (Anagni) die sämmtlichen Rusinenlande dem Fürsten Mendowg von Lithauen; allein da Mendowg bald darauf vom Christenthume abfiel, schenkte

Pabſt Urban IV. (Pantaleone) die Ruſinen und Lithauer dem Kö=
nige Ottokar von Böhmen, welcher auch wirklich einen Kreuzzug
gegen Lithauen unternahm. Dieß veranlaßte Daniel, den König Bela
von Ungarn gegen Ottokar aufzuhetzen. Seinen Sohn Roman ver=
ehelichte Daniel mit der Herzogin Gertrude von Oeſterreich (im J.
1253), dieſe war die Tochter Herzogs Heinrich des Grauſamen, ſie
war in erſter Ehe mit Labislaus Markgrafen von Mähren, in zweiter
Ehe mit Hermann von B. den (Schweſterſohn Otto's von Bayern,
kaiſerlichen Statthalters in Oeſterreich), in dritter Ehe durch Ver=
mittlung König Bela's mit dem Prinzen Roman vermählt, welcher
ſie bald nach der Trauung heimlich verließ und nie mehr wieder=
kehrte. Bela übernahm die Verſorgung Gertrudens. — Im Jahre
1260 überſchwammten die Tartaren unter Burundeys Führung dieſe
Länder, verwüſteten Wlodimir, Lwów und andere Orte. Daniel
wagte es nicht, ſich gegen dieſen Feind zu ſtellen, ſondern er flüch=
tete mit ſeinen Mannen in das Gebirge, was die an verſchiedenen
Orten noch jetzt vorfindigen künſtlichen Berghöhlen bewähren. — Un=
mittelbar nach dem Abzuge der Tartaren, die auch die polniſchen
Länder verheeret hatten, ſandte er ſeine Armee unter Swarno's
Führung gegen Polen und Maſowiſch = Lithauen, beſetzte Łowicz
(im J. 1263) und die Landſchaft Sandomir (im J. 1265). Bei
ſeinem Ableben (im J. 1266) gab er dem Sohne Mścislaw Lo=
domerien, und dem Sohne

Leon — Galizien. Leon macht Friede mit Lithauen und
als er einſt den Fürſten Woyſielko von Lithauen zum Gaſtmale
eingeladen, ließ er den nach der Tafel halbtrunkenen Gaſt nieder=
hauen. Sandomir und Lublin gieng nach zwanzigjährigem Kriege
an Leszko den Schwarzen Herzog von Polen verloren. Leon war
der Wiedererbauer Lwows, wo ſich in Folge der vom ſchwäbiſchen
Bunde hieher und nach den Ländern am ſchwarzen Meere deutſche
Handels= und Gewerbsleute (daher insgemein Schwaben genannt)
niedergelaßen und Lempurgh gegründet hatten. Leon ſtarb im J.
1302 zu Spas, im heutigen Samborer Kreiſe, und wurde in dem
benachbarten Baſilianerkloſter zu Ławrow beigeſetzt, welches größten=
theils von Holz erbaut, im J. 1767 abbrannte. Dieſes Mißgeſchick

veranlaßte den damaligen Klostervorsteher (Ihumen Polikarp Wolański) die dortigen Fürstengräber zu öffnen, die vorfindigen Kostbarkeiten herauszunehmen, alles Silber einzuschmelzen und zum Wiederaufbau des Klosters zu verwenden. Dieser ganze Hergang — eine Nationalangelegenheit — gelangte erst nach siebzig Jahren zur öffentlichen Kenntniß. — Dem Könige Leon folgte sein Sohn

Juryi oder **Georg** in Galizien, und nach dem Tode seines väterlichen Oheims Mścisław Daniełowicz, auch in Lodomerien. Er führte den Titel Rex Russiæ princeps Lodomeriæ und theilte sein Reich in seine beiden Söhne **Andreas** und **Leon** jedenfalls schon vor dem Jahre **1316** wo beide Brüder mit dem deutschen Orden verbunden waren. Allein die Schlacht bei Tannenberg (im J. 1310) war schon geschlagen und das Bündniß beschleunigte muthmaßlich den Untergang, denn unter Leons Sohne Juryi wurde Galizien vom Herzog Boleslaus von Masobien (im J. 1337) erobert. Die Rusinen entledigten sich seiner und seiner unrechtmäßigen Macht mit Gift (gdyż Rusini pozbyli go się, ile nieprawego władcy trucizną), weil, wie der rufische Geschichtschreiber sagt, das Reich nach dem Erlöschen der männlichen Linie Leons entweder auf die damals noch lebenden zahlreichen Abstämmlinge Ruryk's, oder auf die Nachkommen des durch die Wahl der Nation auf den Thron berufenen Koloman von Ungarn, niemals auf die weibliche Descendenz Leons, nämlich auf die Masobischen Fürsten hätte kommen sollen. (Rys do historyi narodu ruskiego w Galicyi i Hierarchyi cerkiewnej w tymże królestwie przez Dyonizego Zubrzyckiego. Lwów 1837).

Historische Thatsachen vergangener Jahrhunderte lassen aus der Art und Weise, wie sie sich ereignet haben oder vorbereitet und ausgeführt wurden, auch die Beweggründe der Handelnden beurtheilen. Deßhalb läßt sich vermuthen, daß der Kriegszug, welchen König Kasimir von Polen im Frühling des Jahres 1340 nach der rufischen Landschaft unternahm, noch keineswegs die Eroberung des Landes beabsichtiget habe. Es scheint vielmehr die Erfahrung benützt und ein Versuch vorerst gemacht worden zu sein, um vorläufig die gegenseitigen Kräfte zu messen. Mit forcirten Märschen

ausschließlich Reiterei erschien Kasimir mit Umgehung der andern befe-
stigten Orte plötzlich vor Lemberg und überrumpelte dessen Schloß,
wo der Reichsschatz aufbewahrt war. Nach Krakau zurückgekehrt er-
wachte und reifte erst der Entschluß zur bleibenden Besetzung des
Landes. Zu einem zweiten Kriegszuge mochten ihm die Kräfte des
eigenen Landes nicht ausreichend oder nicht willig genug' geschehen
haben, deßhalb nahm er deutsche Krieger in sein Heer, mit dem
er im Herbste des Jahres 1340 eben so schnell Lemberg wieder
nahm; zur völligen Pazifizirung des Landes, wo die Rusinen unter
Daszek von Przemyśl und Daniel von Ostrog lang und anhaltend
Widerstand leisteten, bedurfte es einer Zeit von etwa zehn Jahren,
denn erst im J. 1351 finden sich Urkunden selbst in rusinischer
Schrift und Sprache, in welchen vom Krakauischen Könige (Koro-
lia krakowskoho) als Landesherrn die Rede ist. Seine Erkennt-
lichkeit bezeugte Kasimir den Deutschen, indem er Lemburg das Stadt-
gebieth das Sachsenrecht und den Plebisziten der Bürgerschaft in
Erbschafts-Vormundschafts-, Lokalpolizei- und selbst Kriminalan-
gelegenheiten Gesetzeskraft verlieh, hingegen die Gewohnheiten und
Rechte der früheren Landesherren abschaffte.

Nach Kasimirs Tode im J. 1370 mochten die polnischen
Magnaten Ursache haben, die damals noch vorhandene schlesische
Linie der Piasten in der Thronfolge zu übergehen, und dem abwe-
senden Ludwig Könige von Ungarn auch die Krone Polens anzu-
tragen, nach dessen Annahme auch die männliche Descendenz für ihre
Thronansprüche mit abgesonderten Ländereien entschädigt wurde; und
so erhielt **Ladislaus** Palatin von Ungarn, ein Schwestersohn
Kasimirs, und Herzog von Oppeln und Wielun die rusische Landschaft. Er war hier souverainer Landesfürst, führte nach den jetzt
noch vorhandenen Urkunden den Titel: Deo Gratia Dux Opoliensis,
Vielunensis terrequæ Russiæ Dominus et hæres; das sonst aus-
gedehntere Königreich enthielt die Landschaften Sanok, Przemyśl,
Lemburg, Żydaczow und Halicz. Er regierte ganz im Sinne
Kasimirs. — Bełz und Busk hatten den eigenen Fürsten Juryi,
und Podolien stand unter rusisch-lithauischen Fürsten. Diese vereinigt bekämpften nach Kasimirs Tode die rusische Landschaft und

Polen in verheerenden Einfällen. Ladislaus, unterstützt von Ungarn, unternahm den Zug gegen Belz (im J. 1377), allein der Erfolg entsprach den Erwartungen nicht; die wiederhohlten Einfälle der Lithauer, die Abneigung des Adels und der Geistlichkeit bewogen Ladislaus (im J. 1379) zur Abbankung, die eigentlich ein Län= dertausch war. Ladislaus erhielt die Landschaften Dobrzyn, Gniew-kowo und Bidgost, und übergab dafür die rusische Landschaft an König Ludwig von Ungarn. In der Abbankungsurkunde nennt sich Ladislaus nicht mehr Dominus et hæres Russiæ, entbindet seine Unterthanen der Treue und des Gehorsames, und überweiset sie an Ludwig. (Beilage I.)

Nur drei Jahre war König Ludwig von Ungarn und Polen zugleich auch Herr der rusischen Landschaft; er starb im J. 1382 und hinterließ zwei Töchter, die ältere Maria mit dem Könige Sig= mund von Böhmen vermählt und Hedwig im Jahre 1371 gebo= ren, und im Jahre 1375 mit dem Erzherzoge Wilhelm von De= sterreich verlobt. — Im Diplome ddo. Kaschau den 17. September 1374 hatte König Ludwig die Polen verpflichtet, nach seinem Ableben eine seiner beiden Töchter zur Königinn zu wählen. — Der Reichstag zu Radom hatte am 3. Tage nach St. Katharina (28. November 1382) jener Tochter Ludwigs, quæ nobis pro hærede legitimo in Regno Poloniæ ad manendum dabitur Treue und Gehorsam gelobt, Maria war damals von den ungarisch=kroatischen Malkontenten in der Feste Nowyhrad gefangen gehalten. Erst im Jahre 1384 gestattete ihre Mutter, daß Hedwig nach Krakau geführt, wo sie den 15. Oktober 1384 zur Königinn gekrönt wurde. Es ist schwer zu glauben, daß die kaum fünfzehnjährige Königinn aus freiem Willen das Verlöbniß mit dem Erzherzoge aufgegeben und lieber den heidnischen Herzog Jagal oder Jagiełło von Lithauen zum Gemahl gewählt habe, was Niemczewicz in so romantisch schönen Versen dargestellt. Die eheliche Verbindung die= ser Prinzessinn war in ihren Folgen für das Land entscheidend, die polnischen Magnaten unterstützten die Bewerbung des Lithauers, und Hedwig gab „dem Wunsche der Nation" entsprechend, dem auf den Namen Wladislaus getauften Jagiełło am 17. Febr. 1386 ihre Hand.

Von wem und in weſſen Namen die ruſiſche Landſchaft in den Jahren nach König Ludwigs Tode bis zum Jahre 1387 re- giert wurde, iſt nicht genau zu erforſchen; in dem damaligen Zu- ſtande des Landes iſt ein Interregnum, wie es ſpäter öfter vorkommt, nicht ausgeſprochen. Der frühere Landesherr Herzog Ladislaus von Oppeln ſucht ſeinen Einfluß noch zu behaupten, indem er an die Bewohner der ruſiſchen Landſchaft ddo. Czenstochau am Tage der h. Dorothea (6. Februar) des Jahres 1387 eine Proklamation erließ, worin er ſie ermahnt, die Treue für die Königinn Maria zu bewahren, ſich von der Königin Hedwig nicht überreden zu laſſen, und zugleich die Verſicherung giebt, daß er ohne Wiſſen und Willen der Bewohner dieſer Landſchaft mit der Königinn Hedwig keinen Vergleich eingehen werde. (Beilage II.)

Indeſſen ſcheint es, daß auch in dieſer Angelegenheit ein „zu- ſpät" verhängnißvoll bereits angetreten war. — Königinn Hedwig — während ihr Gemahl noch in Lithauen abweſend war — hatte von Krakau aus einen Zug nach der ruſiſchen Landſchaft vorbereitet. Sie erſchien in der zweiten Woche der Faſtenzeit des Jahres 1387 in der Stadt Grodek, und forderte von dort die drei Meilen entfernte Stadt Lemberg auf, in einer Deputation im königlichen Hoflager zu Grodek zu erſcheinen. Dieſes Vorgehen mochte Mißtrauen erregt haben, denn erſt nach Empfang der von der Königinn (Beilage III.) und von acht Magnaten Polens (Beilage IV.) am Samstage vor dem Sonntage Reminiscere des Jahres 1387 erlaſſenen Schutz- briefe, begab ſich die Deputation Lembergs nach Grodek. Über die dortigen Verhandlungen iſt zwar keinerlei Aufzeichnung vorhanden, aber nach den Erfolgen zu ſchließen, mußte dieſe Zuſammenkunft ein beiden Theilen erwünſchtes Ergebniß haben, weil die Königinn ſchon in der nächſten Woche in Lemburg einzog und am Samstage derſelben Woche ein Diplom ausfertigen ließ, worin die Rechte und Privilegien der Stadt Lemburg beſtätigt worden. (Beilage V.) Erſt im darauf folgenden Herbſte kam König Władislaus nach der ruſi- ſchen Landſchaft, und in dem ddo. Grodek am Tage des Evangeli- ſten Lukas (18. Oktober) des Jahres 1388 ertheilten Diplome iſt auch das Diplom der Königinn wörtlich (in transumpto) eingeſchaltet. (Beilage VI.)

Die beiderſeitige Zufriedenheit des Landesfürſten und der Unterthanen ſpricht ſich weiter in dem durch eine eigene Deputation
nachgeſuchten Diplome ddo. Lublin vom Tage nach Michaeli (30.
September) des Jahres 1388 aus (Beilage VII.), worin Wladislaus die Zuſicherung ertheilt, Stadt, Diſtrikt und Landſchaft Lemburg an Niemanden zu verleihen und von der Krone Polen nie zu
trennen. Dieſe Verſicherung wird im Diplome ddo. Lemburg am
ſechsten Tage nach Michaeli (5. Oktober) des Jahres 1389 wieder-
holt (Beilage VIII.); anderntheils hat die Stadt Lemburg am drit-
ten Tage nach dem Feſte des heil. Franz des Jahres 1425 eine
Urkunde ausgeſtellt, worin ſie der ehelichen Nachkommenſchaft des
Königs Wladislaus unter künftiger Vormundſchaft ſeiner vierten
Gemahlin Sophia (Sonka, Tochter des Fürſten Andreas Iwanowicz
von Kijow) und ſeines Bruders Witoud oder Witwod, getauft
Alexander, in einigen Urkunden damaliger Zeit auch einfach Kre-
sthuti (b. i. der Getaufte genannt), Treue und Gehorſam verbürgt
(Beilage IX.). Im Generalparlamente zu Krakau am ſechsten Tage
in der Oktave der Erſcheinung des Herrn im Jahre 1433 (Beilage X.) wird dieſe ruſiſche Landſchaft mit Polen in ein gemeinſa-
mes Land vereiniget. Alle dieſe Urkunden betreffen blos denjenigen
Theil der ruſiſchen Landſchaft, deſſen Hauptſtadt früher Halicz, und
nach deren Zerſtörung durch die Lithauer und Tartaren, noch jetzt
Lemberg iſt. Hingegen war jener Theil, deſſen Hauptſtadt Wlodimir war, und der demnach Lodomerien heißt, zur Zeit, als Jagiełło den Thron Polens erlangte, ſchon gänzlich unter lithauiſcher
Botmäßigkeit, im Beſitze Lithauens, Kijow allein ausgenommen.
In der Erklärung der lithauiſchen Barone ddo. Wilno am Tage der
heiligen Prisca (18. Jänner des Jahres 1401), worin ſie nach dem
Beiſpiele des Königs Wladislaus die römiſch-katholiſche Religion
annehmen und ſich als Bundesgenoſſen mit der Krone Polens einigen, heißt es ausdrücklich: Nos prælati, principes, barones, nobiles terrigenæ terrarum Lithvaniæ et Russiæ . . . . . dann tota
universitas omnium et singulorum Nobilium et Terrigenarum pre-
dictarum Lithvaniæ et Russiæ terrarum, quorumquamvis nomina
singulatim hic non sunt expressa, ipsorum tamen consensus ad
subscripta adest acsi pro insertis haberetur. (Leges, Statuta,

Constitutiones, Privilegia Regni Poloniæ. Varsoviæ anno 1732 pag. 61.) Die Konstitution von Horodło oder Hrodło am Fluße Bug vom 2. Dezember 1413 (ibidem pag 66.) erwähnt einer rufischen Landschaft gar nicht, und indem sie die Vereinigung Li=thauens mit Polen behandelt, werden die rusischen Landschaften als Lithauen unterthan und verbunden dargestellt (Lithuania cum terris ac Dominiis ipsis subjectis et connexis). Es wird die Vermuthung begründet, daß dieses polnisch = lithauische Reichsgesetz in seinem Texte den Namen terræ Russiæ absichtlich vermieden habe. Das Gesetz führt die Uiberschrift: Incorporatio terrarum Magni Ducatus Lithuaniæ Regno Poloniæ cum concessione armorum Lithuaniis de Regno Poloniæ cum aliis certis libertatibus tunc Nobilitatis Lithuanicæ Ruthenis exceptis; es erklärt die römisch = katholische Religion als die allein herrschende und verweigert den Ruthenen die staatsbürgerlichen Vorrechte des Adels. Es war damals noch keine Kirchen=Union zu Stande gekommen. Das Gesetz betrifft sonach auch kirchliche Verhältnisse dieser Länder, und man erkennt die diploma=tische Vorsicht, mit welcher es redigirt worden. Daß übrigens die Union Polens mit Lithauen eben wegen der Ansprüche, welche beide Nationen auf die ehemals rusischen Landschaften machten, noch besondere Schwierigkeiten hatte, beweiset die Deklaration, erlassen am Reichstage zu Warschau am 19. März 1564. (Prawa, konstytu-cye i przywileje Królestwa Polskiego i wielkiego Xięstwa Li-tewskiego. Warszawa r. 1732 pag. 643), der Reichstags=Receß von demselben Tage (ibidem pag. 645) und der Vorgang, daß vorerst die Landschaften Podlachien ddo. Lublin den 5. März 1566 (ibidem pag. 752) und das Fürstenthum Kijow ddo. Lublin ben 5. Juni 1569 (ibidem pag. 759) mit der Krone Polens mit Lithauen vereinigt wurden, und dann erst die Vereinigung Lithauens mit Polen ddo. Lublin den 5. Juli 1569 (ibidem pag. 766) vom Reichstage definitiv erklärt, und dieser Reichstagsbeschluß die königliche Sanction ddo. Lublin den 11. August 1569 (ibidem pag. 775) erhalten hat, während die andern rusischen Landschaften (ter-ræ Russiæ) bereits im Jahre 1433 (Beilage X.), Bełz ddo. Bres-cie feria tertia festorum solennis Paschæ anni Domini 1492 (ibidem pag. 200) und Drohiczyn ddo. Vilna die Dominicæ

3*

Lætare anno Domini 1516 (ibidem pag. 384) mit Polen bereits inkorporirt worden sind.

Vermöge der verschiedenen Schicksale dieser Länder waren auch die Gränzen Galiziens und Lodomeriens zur Zeit rusischer Fürsten=herrschaft häufigen Veränderungen ausgesetzt. Es gab daher eine Zeit, in welcher Galizien der Nordseite der Karpathen entlang alles Land von den Wellen des Wislok und dem rechten Ufer des San bis zu dessen Mündung in die Weichsel, ganz Nothrußland, Belz, Chełm und Pokutien bis an die Gränzen der heutigen Bukowina nebst Theilen von Podolien umfaßte. Es hatte somit ein Areale von mehr als 1000 Quadratmeilen.

Lodomerien enthielt die Städte Włodimir (Hauptstadt), Dro-hiczyn, Bilsk, Brańsk, Włodawa, Nowogrodek, Słonim, Woł-kowysko, zeitweise auch Lublin und Łowicz sammt allem dazwischen liegenden Land und die damaligen rusischen Confinien, die sich zwi=schen Polen und Lithauen bis an Ostpreußen hinzogen, und enthielt ein Areale von wenigstens 1400 Quadratmeilen.

So mager übrigens dieser Theil der ruthenischen oder rusini=schen Geschichte selbst nach mit Vorliebe für die Nation betriebenen historischen Forschungen auch sein mag, da über innere Staatsein-richtung nichts, und über die wichtigen Begebenheiten bloße Gerippe nach sehr fühlbaren Zwischenräumen aus Mangel an historischer Kritik stichhaltender Quellen berichtet werden, so enthält doch dieser Theil ruthenischer Geschichte einen Zeitraum von 150 Jahren mit sieben vollständigen Eroberungen des Landes, von denen fünf mit gewaltsamen Thronveränderungen begleitet waren; er ist somit an Begebenheiten reich und an Zeit lang genug, um die Ruthenen noch in einem eigenen Staate selbstständig zu sehen, und den da=maligen Charakter ihrer Regierung, zum Theile auch des sich hier für Ureinwohner haltenden Volkes kennen zu lernen. — Vermöge des Zeugnißes der Geschichte wird zugegeben werden, daß Daniels nach den früheren Verhältnissen zu Ungarn voraussichtlich erfolgloses Aufhetzen des Bela gegen Ottokar, sein feiges Preisgeben des Reiches den Verwüstungen der Tartaren, während die Polen (nach

Freiherrn Hammer v. Burgstall's Geschichte des osmanischen Reiches)
sich zur Wehre setzten und geschlagen wurden, sein Benützen der
durch den Tartarenzug verbreiteten allgemeinen Noth, um sich durch
leichte Eroberungen (Lublin und Łowicz) zu bereichern, — Leons
Verletzen der Gastfreundschaft, woburch auch die Lithauer die schärf-
sten Gegner der Ruthenen wurden, — der au Boleslaus verübte
Giftmord, endlich die weit in neuere Zeit hineinreichende Antastung
der Fürstengräber, Vernichtung der durch Religion und Nationalität
gleich ehrwürdigen Denkmale, wobei selbst die Geistlichkeit betheiligt
erscheint, um einem vorübergehenden, keineswegs sonst unüberwind-
lichen Uibel unvollständig zu begegnen — daß alle diese Dinge dem
wahren Charakter der Nation widersprechen, und ihr keinen Wunsch
nach Wiedererrichtung eines Ruthenenstaates, ja nicht einmal nach
einer, stets eines historischen Vorbildes bedürftigen Autonomie erwecken mögen.

C.

Die jetzt in Frage stehende Theilung kann keine Theilung
sein, wie sie zur Zeit der ruthenischen Landesfürsten im Wege der
Erbfolge stattgefunden, eine solche Theilung besteht bereits seit
dem Jahre 1772. — Galizien ist kaiserlich-österreichisch, — Lodomerien kaiserlich-russisch; es kann somit auch keine Theilung nach
den Titeln dieser Länder sein, denn woher wollte man Lodomerien
nehmen? — und die beiden Herzogthümer sammt dem im Jahre
1846 geschaffenen Großherzogthum enthalten zusammen etwa das
Areale von zwei galizischen Kreisen, von dem übrigen Lande in
nichts verschieden; wohl aber soll Galizien in ein österreichisch-polni-
sches und in ein österreichisch-ruthenisches Statthaltereigebiet getheilt werden.

Mit den Einverleibungen der ruthenischen Länder zu Polen
schließt zwar die Geschichte der Ruthenenstaaten, allein nicht die
des ruthenischen Volkes; diese erscheint in der politischen Geschichte
Polens, mehr aber in dessen Kirchengeschichte. (Dyonis Zubrzycki
Rys do historyi narodu ruskiego i cerkiewnej hierarchii w Galicyi. Lwów 1837). — Die Fortsetzung dieses Werkes ist in mos-
kowitischer Sprache in Moskau seitdem erschienen. — Graf **Valerian**

Krasiński: Geschichte der Reformation in Polen. Original in eng-
lischer Sprache, deutsch in Leipzig 1841, polnisch noch nicht übersetzt).

Dieser Zeitraum umfaßt etwa 350 Jahre und innerhalb des-
selben fällt hierlandes auch die Union der morgenländischen mit der
abendländischen Kirche. Sie ist nicht blos für den Theologen und
für den Geschichtsforscher interessant, sondern für die Cultur überhaupt, für den Staatsmann und die Politik ein äußerst wichtiges,
in der Nation der Ruthenen fortlebendes, Polen und Ruthenen
stets berührendes und in steter Lebensgefahr schwebendes Werk. In
jeder Angelegenheit dieser Länder ist es auch bei Errichtung zweier
solcher Statthalterschaften und Theilung des Landes im Mitleid.
Aus diesem einzigen Grunde tritt die Frage der politischen Theilung
Galiziens aus jenem natürlichen Kreise, in welchem sich eine solche
Angelegenheit etwa in andern Ländern der Monarchie bewegen kann,
heraus und gelangt

a) auf kirchliches Gebiet, die damit verbundenen Faden führen
nicht wie einst an den byzantinischen Kaiserhof, wohl aber

b) auf das Gebiet der äußern Politik, und zwar dessen schwie-
rigsten Theil: die wechselseitigen Verhältnisse der beiden Kai-
serthümer Oesterreich und Rußland.

Es kann hier nicht die Absicht sein auch nur einen kurzen
Abriß der Kirchengeschichte Polens wiederzugeben. Der Ursprung
des Kirchenschisma, die allmälige Verbreitung des Filioque im
Credo, die Ehrfurcht des Phozius, der Ehrgeiz der oströmischen
Kaiser, ihre Noth und Bedrängniß durch die Türken, die Verhältnisse der oströmischen Kirche überhaupt zum dortigen Kaiserhofe und
zu Rom, die Union an den Concilien zu Lyon, Basel, Ferrara
und Florenz sind Namen, Begebenheiten und Zustände, an die
man nur zu erinnern braucht, um zu wissen, welche Faktoren in
den hierortigen Verhältnissen mitwirkten, um eine Einigung zu
Stande zu bringen, und die auch weiter berücksichtiget werden müssen,
weil das Kirchenschisma fortan besteht, innerhalb der Gränzen des
östereichischen Kaiserstaates sich vorfindet, und auch auf Unterstützung
von Außen rechnen kann, die auch den Kampf aufzunehmen bereit ist.

Mit scheinbar gleichgiltigen Dingen kann in Verhältnisse eingegriffen werden, die sonst der beste Wille, an dessen Vorhandensein wir nicht zweifeln, wegen der dabei bevorstehenden Verwicklungen zu berühren nicht beabsichtigte.

Begreiflicher Weise war Rom an der Union mehr gelegen, als den ruthenischen Fürsten, welche schon durch die von der lateinischen Geistlichkeit als Befugniß angesprochene Krönung der Regenten, Schmälerung ihrer Hoheitsrechte besorgten. Damals stand die Nationalität mit der Confession oder mit der Union noch in keiner Verbindung, eine solche entwickelte sich erst zur polnischen Zeit. Wir sehen demnach Rom schon im zwölften Jahrhundert die Union im ruthenischen Lande betreiben, wir hören die Antwort des Fürsten Roman so deutlich, als ob sie erst jetzt in St. Petersburg oder im Kreml ertheilt worden wäre, indem wir das Gewicht, welches die Ruthenen noch heute auf jene Antwort legen, fühlen. Wir wissen wie Isidor, Erzbischof von Kijow, als Cardinal von der Kirchenversammlung zu Florenz bei seiner Rückkehr in den polnischen Ländern von Alt-Sandez bis Wilna mit Auszeichnung und Feierlichkeiten empfangen, vom Könige Władysław (Warneńczyk) mit Privilegien begünstiget, (Unia od Ojców świętych greckich pochwalona. Wilno 1770 pag. 37), in seiner Diözese aber verhöhnt, von einer Synode verdammt, in ein Kloster gesperrt wurde, und nur mit äußerster Mühe den Händen eines fanatischen Volkes zu entgehen vermochte. (Gibbon 66. Capitel). Die im westlichen Europa damals arbeitenden Religionsangelegenheiten und die politisch-religiösen Verhältnisse des Orients brachten aus Deutschland, Italien, Großbritannien, aus den griechischen und den türkischen Ländern Ansiedler nach Polen, was beweiset, daß hier ungeachtet der ausgesprochenen Herrschaft der katholischen Kirche noch immer mehr Gewissensfreiheit war, als dort; allein Polen war stets das Land der Gegensätze, denn man konnte sich mit den einheimischen Dissidenten, den Socinianern und den Anhängern der griechischen Kirche nicht vertragen. Die Kosaken waren noch unter Sigmund III. die Wehre des Reiches, ihre üble Behandlung entfremdete sie ihm; unter Anführung des Zenobius Bohdan Chmielnicki

durchzogen sie, als in Diensten des Caren, Polen plündernd und
brandschatzend. Um seine Stellung zu König und Reich und deſſen
damaligen Zuſtände zu kennzeichnen, mögen einige eigenhändige Briefe
von ihm genügen. (Beilage XI.) Immer bleibt es merkwürdig und
charakteriſtiſch, daß die Ruthenen, welche Polen der Unterdrückung
anklagen, jene Ereigniſſe, die zur Zeit König Johann Kasimirs
die Regierung gelähmt und zerrüttet hatten, für ihre eigenen Vortheile weder in kirchlicher, nach in politiſcher Beziehung zu benützen
ſuchten. War innerhalb der 200 Jahre polniſcher Herrſchaft der
Geiſt der Nation, oder was man heut zu Tage dafür anſieht, bereits
gänzlich entwichen, oder bedurfte er eines weitern Schlafes von nach
zwei Jahrhunderten, um ſich erſt im Jahre 1848 aufwecken zu
laſſen? oder war der Druck der polniſchen Herrſchaft, von dem man
heut zu Tage ſo viel ſpricht, den Ruthenen in der That gelinder,
als ihnen die Herrſchaft des Caren unter Mitwirkung der Koſaken
damals erſcheinen mochte, daß ſie jeden Gedanken an die Befreiung
ihres Vaterlandes vom polniſchen Joche aufgebend, ſich lieber an
den die Union begründenden Traktat von Krakau vom 2. Auguſt
1595 haltend die Union anſtrebten? oder fehlte es ihnen zu jener
Zeit an Männern, wie wir ſie in Polen zu allen Zeiten finden,
die für das Vaterland nicht blos ihr Schärflein beizutragen, ſondern
mit Gut und Blut einzuſtehen bereit waren? Jede dieſer Fragen
verdiente eine gründliche hiſtoriſche Unterſuchung. Das in den erſten
Jahren der Regierung Sigmunds III. begonnene Werk der Union,
die ſich von jener zu Horodło weſentlich unterſcheidet, wurde fort-
geſetzt, bis es endlich durch die Synode von Zamość im J. 1720
als beendigt betrachtet werden kann. In Wirklichkeit aber wird ſie
noch heute als unvollſtändig angeſehen, auch wenn an ihrer Aufrichtigkeit nicht gezweifelt werden mag, denn aus dem jetzigen Stand
der Sache läßt ſich wahrnehmen:

    a) daß die Union nicht da ſtehen bleiben kann wo ſie jetzt ſteht,
        daher ſie entweder vervollſtändiget, oder doch wenigſtens wahre
        Schritte im Wege weiterer Reformirung zur Vervollſtändigung
        gethan werden müſſen;

    b) daß die Union gänzlich wiederaufgelöſet werden könne, dergeſtalt,
        als ob ſie nie beſtanden hätte, was in Rußland bereits geſchehen iſt;

c) obgleich weniger die Macht der kaiserlich - österreichischen Regierung, als vielmehr die den Verhältnissen innewohnende Gewalt die Union noch durch irgend eine Zeit in dem gegenwärtigen Zustande auch ohne Reform aufrecht erhalten kann.

Die Unvollständigkeit zeigt sich in der Lithurgie und im Kalen-
der. Während in andern Ländern blos die römisch-katholischen Feiertage beobachtet werden, hält das Volksleben — wo bereits die
jüdischen Feiertage Moratorien in den Geschäften zu Folge haben —
auch die griechischen. Als im Jahre 1848 am ruthenischen Volks-
rathe zu Lemberg ein ruthenischer Kirchensänger (A. M.) eine, keine
von Lateinern angestiftete, Petition um Vereinigung des Kalenders
überreichte, erhielt der Petitionirende nicht blos Verweise. Die Kir-
chensprache ist dem Volke kaum mehr verständlich, als dem römisch-
katholischen Laien die Lateinische. Viele Ruthenen halten die Union
für ein Mittel, das Land zu polonisiren. Das größte Hinderniß
jeder Reform liegt in der Befürchtung, daß die ruthenische Geistlichkeit die Hauptstütze ihrer Nationalität, die ihrer Meinung nach
meist nur in den kirchlichen Differenzen liegt, worin sich die unirte
griechisch-katholische von der römisch-katholischen Kirche unterscheidet,
verlieren könnte; indem sie sich als den einzig wahren Wächter ruthenischer Nationalität betrachtet, erkennt sie ihre Verpflichtung zur
Aufrechthaltung dieser Differenzen. So ehrwürdig und unantastbar
Gebräuche und Herkommen sein mögen, wenn sie als Träger und
Zeichen der Nationalität betrachtet werden, so bedenklich werden sie
für die Entwicklung der Cultur des Volks, besonders wenn sie
unklug und übergreifend Geistliches mit Weltlichem vermischen; wird
nun damit auch die Regierung hineingezogen, so kann auch für sie
hieraus kein Heil erwachsen, weil sie aus ihrem hohen Stand-
punkte herauszutreten und Parthei zu nehmen genöthigt wird. Hiezu
kommt, daß beinahe das ganze Gebiet Lodomeriens und auch ein
Theil des ehemaligen Galiziens jetzt zu Rußland gehört. Dieß ist
zwar blos Schuld von ursprünglich bei der Rebindikation begange-
nen Fehlern, sei es im Beschlusse, oder in der Ausführung und
Vollziehung; allein diese Fehler sind der Rebindikation selbst ankle-
bend unvermeidlich, und es kann in keiner rechtlichen Form daran

4

gebacht werden, sie jetzt nachträglich zu verbessern oder auszuglei-
chen. — Das kirchliche Oberhaupt der Uniaten ist zwar der römi-
sche Pabst, allein der Oberhirt für diese Länder ist nicht der Me-
tropolit von Lemberg, sondern der Prothothronius Russiæ zu Włodimir, der alten Hauptstadt Lodomeriens, und diese liegt in Rußland;
nun aber ist die dortige Kirche der Uniaten seit dem Jahre 1839
als erloschen zu betrachten; damals hat nämlich der Car und Selbst-
herrscher aller Reußen in der mit den Worten: „Ich danke Gott
und genehmige" dieß unterfertigten Ukase (4. Juli 1839) die Aufhebung der schmachvollen Union, Erlösung aus der Knechtschaft und
die Rückkehr zur Mutterkirche (der orientalischen) anbefohlen. Diese
Rückkehr ist noch in der Durchführung begriffen. Damals hat dieses,
seine eigene Geschichte habende, in der Wiener Zeitung weitläufig
erzählte Ereigniß nicht verfehlt, auf die galizischen Uniaten tiefen
Eindruck zu machen und den Nationalgeist zu erwecken, dem die
päbstliche Allokution erst die Einsicht in seine eigene Wichtigkeit eröffnete. — Wie es aber überhaupt innerhalb der Gränzen des russischen Reiches um die griechisch-unirte Kirche stehe, mag daraus
einleuchten, daß die griechisch-unirten Bischofssitze zu Ostrog, Łuck,
Połock, Orsa-Miecisław. Witepsk und Pińsk-Turovia nicht
besetzt, die Bischofs-Kronen von Minsk und des Prothothronius zu
Włodimir an Basilianer Mönche übertragen worden, daher blos
Chełm im Königreiche Polen wirklich besetzt ist, welches jedoch in
Folge der Wirkungen obigen Ukases, der hinsichtlich dessen eingelei-
teten Bestrebungen und des Umstandes, daß auch im Königreiche
Polen die griechisch-nichtunirte Kirche zur Staatskirche erhoben
und der Erzbischof von Nowogieorgiewsk zum Primas des Reichs
bestimmt worden ist, seiner Auflösung entgegengeführt wird. Demgemäß hat also Rußland aufgehört, die Union als bestehend anzu-
erkennen, und überhaupt Uniaten zu Unterthanen zu haben. Da nun
in Preußen das einzige Bisthum griech.-kath. Ritus zu Supraśl
besteht, so hat der Kaiserstaat Oesterreich in seinem Gebiethe die
meisten Uniaten, nebst der Metropolie zu Lemberg, die Bischofssitze zu Przemyśl (Galizien); Eperies, Munkacs, Großwardein (Ungarn); Kreuz (Kroatien) und Fogaras (Siebenbürgen). Was nun die
konstitutionelle freie Kirche der österreichischen Uniaten in einer etwa

abzuhaltenden Conferenz oder Synode, wenn sie sich hiezu geneigt finden möchte, da über ihre innere Verbindung bis jetzt nichts bekannt geworden ist, und diese Angelegenheiten die größte Schonung erfordern, in Betreff der Reformen beschließen würde, steht dahin, jedenfalls wird mit der Errichtung einer eigenen ruthenischen Statthalterschaft das Verhältniß der Polen zu den Ruthenen, und selbst der Kirchen der Griechischkatholischen zur Römischkatholischen, mächtig geändert. Mit dieser Errichtung ist ein Wiederaufleben altrussischer, die Union verschmähender Verhältnisse untrennbar verbunden, wobei das Beispiel der vaterländischen (rusinischen) Fürsten aus frühern Jahrhunderten, und des russischen Staatsoberhauptes der Gegenwart vorleuchtet, und Kaiser Nikolaus ist nicht der Mann der Zweideutigkeit; es ist damit ein Verläugnen einer vierhundertjährigen Geschichtsperiode (ein Anachronismus), und der in dieselbe fallenden Ereignisse, wohin hauptsächlich die Kirchen‑Union gehört, in Aussicht. Hiedurch erlangen Bestrebungen Vorschub und Erleichterung, die ihren Schwerpunkt außerhalb Oesterreichs Grenzen, nicht in Prothothronius zu Włodimir, welche Würde nur die Union geschaffen, sondern im Oberhaupte der griechisch‑russischen Kirche haben, diesem Oberhaupte ist die bereits im Jahre 1839 als Prinzip ausgesprochene Auflösung der Union Pflicht und Beruf. An der Bereitwilligkeit der Pflichterfüllung darf man nicht zweifeln, um so weniger als diesem Oberhaupte solche Macht und Einsicht zu Gebote steht, welche der Einheit des Reichs sammt Verfassung vom 4. März 1849 weit gefährlicher ist, als alle Verschwörungen zusammengenommen, welche von Polen gegen Oesterreich je ausgegangen sind, oder noch ersonnen werden können, denn nur mit Oesterreich ist Polen möglich und die Kirchenunion von Dauer. Diese Bemerkungen dürften für übertrieben angesehen werden, und namentlich denjenigen Ruthenen, welche ihre Ansichten der Vereinigung der Interessen ihres Vaterlandes mit dem großen freien Oesterreich geöffnet und geweiht haben, derzeit widerstreben, allein die Richtigkeit der Sachlage dürfte hier das Uibergewicht erlangen, und das Nichtzeitgemäße dieser Bemerkungen mit Nachsicht beurtheilen. Die kirchlichen Verhältnisse Galiziens genießen seit den Tagen der Union des Glückes ungestörter Ruhe. Diese Eintracht ist durch die Rebindikation und durch die innerhalb dieser

Zeiten erlaffenen Gefetze und Einrichtung befeftigt worden, um fo leichter, als Galizien ferne jenen großen Kriegen geblieben, welche andere Länder Europas heimfuchten. Die Ereigniffe des Jahres 1848 ha= ben hier die erften Agitationen gefchaffen und einen dem Kriege nahe= kommenden Zuftand herborgebracht, der durch die Reichsverfaffung vom 4. März 1S49 behoben worden. Wenn nun nach hergeftelltem Frieden eine eigene Statthalterfchaft für das öftliche Galizien errichtet würde, fo wäre dieß ein Sieg der Ruthenen über den polnifchen Theil Galiziens, ja felbft über die Reichsoberfaffung, ein Sieg ohne Kampf zur Zeit des Friedens, ein Sieg, der die Eintracht trübt und neuen Agitationen Raum und Gelegenheit giebt, die um fo tiefer eingreifen, je friedlicher fie fortfchreiten können.

So wie die Verhältniffe nach der Errichtung der rufinifchen Statthalterfchaft fich geftalten würden, fo würde fich allmälig diefe Neuerung als das, was es wirklich ift, nämlich nur als Halbheit darftellen, die einen Theil der Bevölkerung aufreizt, weil fie ihn unnöthigerweife bemüthiget, ohne den begünftigten andern zu befrie= bigen. Es liegt in der Natur der Halbheit, die Bewußtfein, Kraft und Leben hat, nach Ergänzung zu ftreben, und diefe Beftrebungen, je mehr fie nationalle Vorliebe nährt und ausbildet, können keinen andern Weg betreten, als den, der zur Mutterkirche zurückführt, weil fie bis auf den Rufinenftaat unter Lew, Daniel und Roman zurückgehen müffen; und damals kannte man nicht nur keine Union, fondern man war ihr ftrenge entgegen, ebenfo wie noch heut zu Tage die Griechen in der Moldau, Wallachei, in Rußland und in der Türkei. Bei der Armuth jener Quellen aus dem alten Rufinen= ftaate wird man den Born aus roffianifchen Zuflüffen ftärken, wodurch trotz kirchlicher und politifcher Freiheit die Knechtfchaft des Zuftandes der Union wie im Jahre 1839 ausgefprochen werden wird. Somit dürfte die Errichtung einer eigenen ruthenifchen Statt= halterfchaft nicht das Mittel fein, die beabfichtigte wechfelfeitige Zu= neigung der Ruthenen, Polen und Oefterreicher zu einander zu ver= mehren und zu befeftigen. Diefe Zuneigung gründet fich auf die wirkliche Macht Oefterreichs, auf das Bewußtfein des hierin liegen= den Schutzes, der gegenfeitigen Aufrichtigkeit, der richtigen Erkenntniß der gegenfeitigen Rechte und Pflichten und deren Uibung. Es ift

wahr, daß der österreichische Kaiserstaat ohne der rebindizirten Theile
Polens entstanden ist, daß das allerhöchste Kaiserhaus ohne ihrer
mächtig und groß war, daß die Ruthenen ohne ein eigenes ruthenisches Kronland gut österreichisch geworden sind; allein es ist zugleich nicht minder richtig, daß die Hilfsquellen, welche der Staat
aus dem ungetheilten Galizien zeither gezogen hat, Oesterreichs
Macht vermehren und erhalten half, daher wir hier der Besorgniß
uns nicht erwehren können, daß das getheilte Land im Falle der
Noth die gemeinsamen Anstrengungen nicht im gleichen Maße wie
sonst wird leisten können, weil das Beispiel der Aufmunterung sich
vereinzelt verloren geht und die Theilung wurmt; daher wir hier
die Meinung auszusprechen keinen Anstand nehmen, daß es keiner
neuerlichen, dem kaiserlichen ·Viribus unitis widersprechender und die
Zerwürfnisse früherer Jahrhunderte heraufbeschwörender Theilungen
bedürfe, durch welche Oesterreichs Staatseinheit und das in ihr
repräsentirte Princip des europäischen Friedens, den die Ruthenen
zu stören jetzt weder geneigt, noch geeignet sind, nichts gewinnt,
nicht verstärkt, nicht befestiget und nicht erweitert wird. — 4. Oktober 1850.

Beilage I.

Ladislaus Dei Gratia Dux Opoliensis, Welunensis Vladis-
laviensis et Dobrynensis Universis et singulis Baronibus, Terrigenis, Nobilibus, Militibus, Olientibus, Woiewodis, Tribunis
item Advocatis, Consulibus, Civibus, Scultetis, Indicibus et
universis incolis in terra Russiæ manentibus, sincere dilectis
amititiam cum salute. — Vobis universaliter et cuilibet vestrum
singulariter de obedientia homagio et fidelitatis constancia, quibus Nos hocusque fideliter et constanter estis prosecuti, mul-
tiplices referimus gratiarum actiones, absolventes et liberantes
nihilominus vos et vestrum quemlibet principaliter ab hujusmodi
homagio, obedientia fidelitatis et aliis quibusvis promissionibus,
quibus nobis hereditarie fuistis subjecti et obligati et astricti. Re-
signantes, ceddentes et restituentes nihilominus Vos et Vestrum
quemlibet universaliter et particulariter Serenissimo Principi Do-

mino Ludovico, Ungariæ, Poloniæ, Dalmatiæ etc. Regi Domino Nostro gratioso presentium patrocinio mediante, quibus Sigilla Nostra sunt appensa. Datum Weluniæ ipso die Octavo Festi Epiphaniæ Domini Anno Domini Millesimo trecentesimo septuagesimo nono. (Lemberger Stabtarchiv aut. fasc. 1018.)

Beilage II.

My Ładzislaw z łaski Bożey książe opolski, wielunski, dobrzynski etc. Obwieszczamy naszym wszystkim ludziom i miastom w Rusi, jesliżeby Pani Jadwiga królowa polska ciągneła z wojskiem do Rusi, a nasiby ludzie i miasta odniesli jaką szkode przez te woyne, cokolwiek by nam zostało w Rusi, złego obiecujemy nadgrodzić szkode i to im obiecujemy że ani Pani Elżbieta ani Pani Marya królowa węgierska panie nasze, ani my sami niepodamy im żadnego węgrzyna hetmanem bez pozwolenia ich — a jesliżeby pani Jadwiga królowa polska chciała ich do swego posłuszeństwa namawiać, tedy się mają odzywać do którego z tych panów, jako do króla czeskiego, do margrabi myszyńskiego, do książęcia haydelberskiego, do księcia Ludwika albo księcia Konrada, i co im każą czynić, to mają czynić jako za wolą naszą, a my im mamy wrócić nakład, co na drogę dla tego nalożą i jako im którykolwiek z tych panów każe strony prawa pani Jadwigi królowej polskiey do ruskiey ziemi za żywota pomienionych królewien węgierskich postępować, tak mają czynić, a my mamy z niemi bądź dobrze bądź zle, zarówno cierpić; i to wam obiecujemy że bez waszey woli i wiadomości żadney zgody z panią Jadwigą czynić nie będziemy, toż rozumiemy że też wy tak uczynicie. — Dla pewnego swiadectwa na tym liscie pieczęć naszą przyciskamy. Działo się w Czenstochowie w dzień Swiętey Doroty 1387. (Lemberger Stabtarchiv Libr. 1047, und da bieses Buch seit dem Brande des Rathhauses im Jahre 1848 vermißt wird, so muß die Abschrift bieses Dokumentes, wie sie sich im Werke: Kronika miasta Lwowa przez Dyonizego Zubrzyckiego, Lwów 1844 pag. 54. borfindet, genügen.)

(Uiberſetzung.) Wir Labislaus von Gottes Gnaden Fürſt von Oppeln, Wielun, Dobrzyn etc. thun allen unſern Leuten und Städten in
Ruthenien zu wiſſen, daß wenn die Frau Hedwig Königinn von Polen
mit einer Kriegsmacht nach Ruthenien ziehen ſollte, und unſere Leute
und Städte durch dieſen Krieg irgend Schaden erleiden ſollten, ſo
verſprechen wir von dem, was uns in Ruthenien verbleiben würde,
den Schaden zu vergüten; auch verſprechen wir ihnen, daß weder
die Frau Eliſabeth, noch die Frau Maria, Königinn von Ungarn,
unſere Herrinn, noch wir ſelbſt ihnen ohne ihrer Zuſtimmung keinen
Ungarn als Landeshauptmann einſetzen werden, und wenn Frau Hedwig Königinn von Polen ihr unterthan zu ſein ſie bereden ſollte, ſo
haben ſie ſich an einen der Herren, nämlich dem Könige von Böhmen, dem Markgrafen von Meißen, an die Fürſten von Heydel-
berg, den Fürſten Ludwig oder den Fürſten Konrad zu wenden,
und zu thun, was dieſe ihnen befehlen werden, und ſie haben es
ſo zu thun, als ob mit unſerer Einwilligung, und wir haben ihnen
den Aufwand zu erſtatten, welchen ſie für den Weg dahin aus-
legen, und wenn auch einer dieſer Herren ihnen auf Seite des
Rechtes der Frau Hedwig Königinn von Polen zu Lebzeiten der er-
wähnten ungariſchen Königinnen auf die ruſiſche Landſchaft vorzu-
gehen befiehlt, ſo haben ſie ſo zu thun, und wir haben mit ihnen,
ſei es Gutes oder Schlimmes, Gleiches zu dulden; auch das verſprechen wir euch, daß wir ohne euern Wiſſen und Willen mit der
Frau Hedwig keinen Vergleich eingehen werden. So verſtehen wir
es, und ſo werdet ihr handeln. Zum ſichern Zeugniße drücken wir
dieſem Briefe unſer Siegel bei. Gegeben in Czenſtochau am Tage
der heil. Dorothea des Jahres 1387.

Beilage III.

Nos Dobeslaus Castellanus Cracoviensis, Joannes Sando-
miriensis, Sandziwogius | Caliciensis, Spithco Cracoviensis pala-
tini, Drogossius Judex Cracoviensis, Czeslaus Castellanus San-
domiriensis, Cristinus de Ostrow magister curie Domine Regine
Polonie, et | Gneverius de Dalenicze promittimus tenore pre-
sentium, terrigenis — Consulibus totæque | communitatis Civi-

tatis et Districtus Lemburgensis pro omnimodo securitate, quod
ad Dominam nostram | Reginam Polonie pacifice devenire possint,
facienda sua disponere, cum Domina Regina et suis | Baronibus
loqui ac domum libere recedere, salvis suis rebus omnibus et
personis | harumquibus Sigilla nostra sunt appensa testimonio lite-
rarum. Datum in Grodek feria | sexta ante Dominicam Reminis-
cere Anno Domini Millesimo Tercentesimo LXXX. septimo. (8 sigilla appensa. (Lemberger Stabtarchib. Seltene Dofumente.)

Beilage IV.

Hedvigis Dei gratia Regina Polonie, Lituanieque princeps
suprema etc. Fidelibus dilectis Terrigenis — Consulibus totæque
communitate Civitatis et Districtus Lemburgensis reginalem gra-
tiam cum favore — fideles nostri dilecti. Vobis et vestrum cuilibet tenore presentium damus securitatem sine fraude et dolo ita
quod ad Nostram Majestatem venire pacifice possit, facienda restra
disponere et domum libere recedat salvis vestris rebus omnibus
et personis, harum quibus nostrum sigillum appensum est testimonio literarum. Dat. in Grodek feria sexta proxima ante Do-
minicam Reminiscere. Anno Domini Millesimo Trecentesimo LXXX
septimo. (sigillum appensum.) (War im Lemberger Stabtarchib,
Seltene Dofumente, wirb jeboch seit bem 2. November 1848 ber-
mißt unb bie Ab'chrift finbet sich in Zubrzyckis Kronika miasta
Lwowa 1844, pag. 56.)

Beilage V.

In Nomine Domini Amen. Decet quorumlibet principum le-
gitimas actiones presentium perpetuas scripturarum memoriæ com-
mendare, ne per oblivionem possint | aliqualiter in nihilum re-
digi et reduci. Igitur Nos Hedvigis Dei Gratia Regina Polonie
Lithuanieque princeps suprema et heres Russie etc. Ad univer-
sorum | notitiam tam presentium quam futurorum volumus deve-
nire, ex considerata fidelitate. constancia ac dilegentius inspec-
tis fidelibus serviciis, {que circum|specti viri — Consules —

Cives totaque communitas civitatis nostre Lemburgensis progenitoribus nostris et nobis exhibuerint ac inposterum exhibere prestancius | dante Domino sunt parati cupientesque de benignitate nostra ipsos prosequi gratia speciali omnia et singula ipsorum Jura libertates privilegia, que tempore Sere|nissimorum Principum Dominorum Kazimiri antiqui nec non Ludovici Genitoris Ungarie et Polonie Regum nostrorum dilectorum habunt confirmamus ratificamus | et tenore presentium approbamus in omnibus punctis et articulis perpetuo valituris, adjungentes quod nulli hominum in civitate vel ante civitatem Lemburgensem | prædictam nulla onera, violentiam perquempiam quomodo debet fieri vel inferri volumus, cavemus ut civitas nostra Lemburgensis praedicta in suis metis et liminibus | prout in literis et privilegiis ipsius plenius conscriptum continentur inconcusse debeat privare et si aliquid predictæ civitati aut civibus aliquid abstractum constitit | seu ablatum, illa cuilibet ablata restituere volumus, atque tamen in nostris manibus obtinemus. Praeterea volumus ut omnia et singula the|lonea et tributa post mortem Serenissimi principis Domini Kazimiri pie memorie olim Regis Polonie avi nostri carissimi indebite et injuste | per quepiam statuta omnino et totaliter deponantur. Statuimus insuper quod deposicio salis et mercimoniorum in civitate nostra Lemburgensi prænotata | fore debeat reluti tamen fuit temporibus ab antiquis, permittentes tenore presentium omnes Ruthenos, Armenos, Sarracenos et Judeos et quemlibet | eorum in suis juribus conservare. In quorum omnium premissorum evidens testimonium presentes scribi fecimus, nostrique appensione sigilli communici | Actum Lemburge feria sexta proxima post Dominicam Reminiscere quadr. Anno Domini Millesimo Tercentesimo Octoagesimo Septimo, Datum per manus | honorabilis viri Kelczonis prepositi Sancte Marie in Civitate Cracoviensi et Cancellarii aule nostre. (Sigillum appensum.) (Lemberger Stadtarchib. Seltene Dokumente.)

Beilage VI.

In Nomine Domini Amen. Wladislaus Dei gratia Rex Polonie, Litwanieque princeps supremus et heres Russie etc. Signifi-

5

camus tenore presentium quibus expedit universis presentibus et
futuris | presentium notitiam habituris ex attente mentis considera-
tione perpendentes clare fidei firmam constanciam ac multe fidelitatis fructuosa servicia, quibus fideles nostri cives et Incole Ci-
vitatis nostre | Lemburgensis in oculis nostre celsitudinis compla-
cere studuerunt et in futurum aucto fidelitatis studio prestancius
poterint se nobis reddere graciores Horum intuitu ob ipsorum quo-
que instantissimas et justas petitiones quibus majestati nostre
operiosius supplicarunt cupientes ipsos specialium gratiarum stu-
diis prosequi literam Serenissime Domine Hedvigis Regine nostre
consortis carissime omni prorsus suspicionis | vicio carentem ejus
vero pendenti Sigillo sigillatam eisdem civibus dictam scripturam
specialiter et concessam in omnibus ipsius punctis articulis con-
ditionibus et clausulis approbamus ratificamus | innovamus et con-
firmamus cujusquidem litere tenor sequitur in hec verba (wört=
lich wie Beilage V). Ut autem hujusmodi nostra approbacio, in-
novacio et confirmacio robur obtineat perpetue firmitatis presen-
tes literas nostras memoratis Civibus | dari fecimus, nostro Sigillo
munivimus, roboramus. Actum in Grodek ipso Die sancti Luce evan-
geliste anno Domini millesimo trecentesimo octuagesimo septimo.
Presentibus Johanne Palatino Sandomiriensi | et Capitaneo Russie,
Nicolao Castellano Wislicensi Marschalco curie nostre, Włod-
kone de Charbinowicze pincerna, Thomcone· de Wnnalesthino
Suppincerna, Petro Schaffraniecz subdapifero Craco|viensi et Ja-
cussio de Niedzwiedz Vexillifero ac aliis multis nostris fidelibus
fide dignis Datum per manus Venerabilis Zaclicae prepositi San-
domiriensis aule nostre Cancellarii fidelis dilecti.
Anmerkung: Am nämlichen Tage hat König Wladislaus auch das
der Stadt Lemburg vom Herzog Labislaus von Oppeln im J.
1372 ertheilte Privilegium in transumpto bestätiget. (Beide im
Lemberger Stadtarchib. Seltene Dokumente.)

Beilage VII.

Wladislaus Dei gratia Rex Polonie Litvanieque Princeps supremus et heres Russie. Significamus quibus expedit universis

Quod cupiemus Regni nostri Polonie ac terrarum nostrarum condicionem in omnibus reddi meliorem | quemadmodum ex assumpto dignitatis officio astringimur et tenemur, cum itaque ex Divisione Regni ac Terrarum | ejus, plerumque ipsius Regni necnon Terrarum desolatio comitatur, ex Unione vero ipsius et Terrarum ipsius | felicia continuo suscipit incrementa, quodetiam Terras nostras in Unione volent omnimodo conservare, promittimus| tenore presentium et spondemus, quod Districtum ac Terram necnon Civitatem nostram Lemburgensem, nulli ducum | aut cuipiam hominum dabimus aut quomodolibet conferemus, sed eundem Districtum ac Civitatem Lemburgensem | pro Nobis ac Inclyta principe Domina Hedvige Regina Polonie consorte nostra carissima necnon liberis nostris et Corona | Regni Nostri Polonie tenebimus, habebimus et habere volumus temporibus perpetuis et in ævum, harumquibus Sigillum | nostrum appensum est testimonio literarum. Datum in Lublin in crastino Sti Michaelis Archangeli Anno Domini Millesimo | Trecentesimo octoagesimo octavo. (Sigill. app.) (Lemberger Stabtarchiv. Seltene Dokumente.)

Beilage VIII.

Stephanus Dei gratia Rex Poloniæ Magnus Dux Lithuaniæ Russiæ Prussiæ Masoviae Samogitie, Kijoviae Volhiniae Podlachiae Livoniaeque etc. nec non Princeps Transylvaniae etc. Significamus his literis Nostris quorum interest Universis et Singulis earum notitiam habituris. Productas et monstratas fuisse coram nobis ab Internuntiis Civitatis Nostrae Leopoliensis Nomine Magistratus et omnium quoque civium ejusdem Civitatis Literas Divi Vladislavi Regis antecessoris Nostri in char|ta membrana scriptus et appensione Sigilli Majoris Regni munitas integras nulli vitio et sinistrae suspicioni obnoxias, supplicatumque Nobis ab iisdem Internuntiis esse ut eas ipsas literas nos authoritate Nostra Regia approbare et confirmare dignare|mur. Hae vero hoc Verborum tenore erant contextae: In Nomine Domini Amen. Wladislaus Dei Gratia Rex Poloniae nec non Terrarum Cracoviae Sandomiriae Sieradziae, Lancitiae

Cujaviae Lithvaniae Prin|ceps Supremus Pomeraniae Russiaeque
Dominus et Haeres. Ad perpetuam Dei memoriam. Significamus
tenore praesentium tam praesentibus quam futuris quibns expedit Universis praesentium notitiam habituris. Quamquam Re-
galis dignitas Ge|nerosa sublimitas, universis fidelibus quos Re-
gni sui latitudo complectitur, grata benefleia dignetur impendere, et tanto copiosius in subjectos suae largitatis propagari
donaria, quanto ex hujusmodi largitione magnifica suis fre-
quenter utili|tates accrescere experitur. Tamen ad illos qui per
observantiam sincerae fidelitatis Regio Culmini dignum præbent
obsequium, specialis praerogativa favoris suae libertatis dex-
tram consuevit uberius inclinare. Sane cupientes Ter|ras No-
stras Regni Nostri Poloniae in Unione prospera et felici, quae
soliditatem Regnorum terrarumque generat atque parit ipsarum
indigenas in statu bono et Regimine salubriter conservare, con-
siderationis itaque Nostrae aciem sollicite con|vertentes ad syn-
cere constantis atque multae fidelitatis obsequia, quibus cives
et incolae Civitatis Nostrae Lemburgensis in conspectu Nostrae
Majestatis affectuosis conatibus multipliciter claruerunt. Quorum
contemplatione dictam civi|tatem Nostram Lemburgensem ipsius-
que cives et incolas coronae Regni Nostri Poloniae unimus,
aggregamus perpetuis temporibus adjungentes. Eandemque civitatem Lemburgensem et ipsius Cives et incolas sub protectione
Nostra et Coro|nae Regni Nostri praedicti volumus jugiter respi-
rare, Promittimus insuper et Spondemus, quod Districtum Ter-
ram et Civitatem Lemburgensem nulli Ducum ac cuipiam Homi-
num dabimus, aut quomodolibet conferemus, sed eundem | Di-
strictum ac civitatem Lemburgensem pro Nobis et Inclyta Principe
Domina Hedwigi Regina Poloniae Consorte Nostra charissima,
nec non liberis Nostris, et Corona Regni Poloniae, tenebimus,
habebimus et habere volumus temporibus per|petuis et in
aevum. Harum quibus Sigillum Nostrum Majus appensum est
testimonio literarum. Actum in Lemburg feria sexta post diem
beati Michaelis Archangeli Anno Domini Mille simo Trecentesimo
Octoagesimo Nono. | Praesentibus Joanne Palatino Sandomiriensi
et Capitaneo Russiae, Demetrio Vicethesaurario Nostro, Chri-

stino de Ostrow Magistro Curiae Consortis Nostrae, Nanogio de Ląntowa Pincerna Cracoviensis Paschkone de Boguria, Jo|anne de Sprowa aliisque multis Nostris fidelibus fidedignis. Datum per manus Honorabilis Zaklicae Praepositi Sandomiriensis Aulae Nostrae Cancellarii fidelis Nostri dilecti.

Nos itaque etsi in Coronatione Nostra | felici, omnium Subditorum Nostrorum, jura, Libertates, immunitates, praerogativas, privilegia et quaevis indulta, tam publica quam privata, a Divis antecessoribus Nostris concessa, interposita religione, jurisjurandi ap|probaverimus, eodemque Sancte Nos semper servaturos literis Nostris susceperimus et promiserimus: secuti tamen vestigia Divorum antecessorum Nostrorum, quos privatim etiam litteris suis, subditis suis, de Privilegiis | et libertatibus illorum cavisse illaque approbasse compertum habemus, annuendum memoratae Internuntiorum Civitatis Leopoliensis supplicationi Nobis factae esse existimavimus, praeinsertas itaque literas in omni|bus earum partibus quantum juris publici rationes sinunt, authoritate Nostra Regia per praesentes Nostras litteras approbamus, confirmamus ac ratas et gratas Nos habere profitemur, decernimusque easdem et omnia in illis Comprehensa Robur et Pondus suum justum ac debitum perpetuo obtinere debere. In ejusque rei fidem praesentes manu Nostra subscripsimus et Sigillo Regni Nostri muniri mandavimus. | Datum Cracoviae die vigesima mensis Octobris anno Domini Millesimo quingentesimo Septuagesima octavo. Regni vero Nostri anno Tertio. Stephanus Rex. (Lemberger Stabtarchiv. Fasc. 87.)

Beilage IX.

Nos Janusius Tholmacz proconsul, Petrns Pelifex, Clemens Czedlicz, Andreas Clopper, Augustinus Gemelich, Nicolaus Scheler, Georgius Gobel, | Johannes Trautfrewlin, Andreas Pistor, Georgius Crebel, Nicolaus Gutler, Erasmus Cloze Schultis, Nicolaus Sculteti, Franciscus Rymer, Nicolaus | Czornberg, Nicolaus Fredrici, Nicolaus Geylink moderni et antiqui Consules — Martinus Zinnreich, Johannes Pistor, Petrus Czanser, Johannes | Schrope,

Nicolaus Breitschuh, Albertus Gultberg, Mathias Czedlicz, Johannes de Snatin, Bartholomaeus Hayner, Bernhardus Scheler, Nicolaus | Arcufex, Scabini — Joannes Institor, Gregorius Augustini, institores. Vincentius, Martinus Carnifices, Marcus, Johannes Judentoter, pistores, | Nicolaus Zmudzilatha, Jodocus, fabri. Petrus Ruthenus, Joh. Heilesborg, Sutores, Stanislaus, Johannes Sartores, Hanuszko Nicolaus Samborer | Corrigiatores et Sellatores Nicolaus Heyder, Cristel, Brazeatores. Nicolaus Adam, Petrus Leo, Cerdones, Petrus de Sambor, Nicol. Cormer Pelißces Magistri mechanicorum, totaque communitas Civitatis Leopoliensis Recognoscimus tenore praesentium quibus expedit universis: Quod Serenissimo Prin|cipi et Domino Domino Wladyslao Dei gratia Regi Poloniae et Domino nostro gratiosissimo quamdiu vitam duxerit in humanis. Post obitum vero ipsius, Inclyto | filio suo Wladyslao, tandemque si eundem Dominum Wladyslaum filium ab hac luce decedere contingat, tunc proclarae Dominae Hedwigi virgini nondum | nuptae cum tota nostra pollicia semper fideles esse volimus, erimus et spondemus sine dolo et fraude, nec umquam aliquem vel aliquos præter | ipsos dominos alios eligemus, quamdiu ipsis erit vita comes — Illustri vero Dominae Zoflae Reginae Poloniae ac Magnifico Domino Alexandro alias Witoudo | Magno Duci Litwaniae, tamquam tutoribus et durante tuicione filii praedicti, obedientes fidelesque esse policemur, dolo, ingenio, colore, fraude et occasione | quibus libet procul motis harum vigore literarum, quibus sigilla nostra sunt appensa testimonio literarum. Datum in Praetorio Leopoliensi | feria tertia proxima post festum Sancti Francisci. Anno Domini Millesimo, Quadringentesimo Vicesimo quinto per manus Vincentii Artium Baccalaurei ac Notarii praedictae Civiratis Leopoliensis.

(Noch) 11 Siegel in Blechkapseln angehängt.

(Zwei Siegel fehlen.)

Beilage X.

Wladislaus Dei gratia Rex Poloniae nec non terrarum Cracoviae, Sandomiriae, Siradiae, Lauciciae, Cujaviae, Lithua-

niaeque Princeps Supremus, Pommeraniae Russiaeque Dominus et Haeres Significamus tenore praesentium quibus expedit
Universis. Quomodo libra mente | verae rationis pensantes in-
temeratae fidei et insuperabilis virtutis constantiam quibus Incolae Regni Nostri Poloniae bellis et in certaminibus quae cum
prosperis auspice dominorum nostrorum triumphorum successi-
bus saepe saepius pro defensione Nostra et Regni Nostri ejus-
dem hostium sustinendo insultus suscepimus pla|cere Nobis me-
ruerunt et Votis Nostris obsecundatione fideli non absque va-
riis periculis corporum et extenuatione rerum devota subjec-
tione ubique paruerunt, horum intuitu et aliorum contempla-
tione veritorum quae excelsa dona Nostrae munificentiae non
indigne promerentur, volentes etiam ut benevolentia eorum et|
fidei affectus quos cum tanta sinceritate in Filios Nostros Principes Vladislaum et Casimirum direxerunt, quorum unum quem
ad Regimen Regni cognoveriut aptiorem, quem Nostris requisi-
tionibus admoniti sibi expleta vitae Nostrae periodo pro Rege,
Principe, Domino et Haerede Regni hujus Poloniae et Terra-
rum | Lithuaniae et Russiae quos Praeclarus Princeps Domi-
nus Sigismundus Krestuthi Magnus Dux Lithuaniae Frater Noster Carissimus prout in praesentiam possidet, debet ad tem-
pora vitae Suae possidere et post obitum ejus ad Nos et Filios Nostros praedictos ac Coronam vera et haereditario suc-
·cessione devolvi sicut | patentibus literis ad hoc confectis est
firmatum devote et humiliter susceperunt et Corona Regni,
Sceptrisque Regalibus cum solempnitate Ceremoniorum, debita
promiserunt tamquam verum et legitimum Successorem postquam
aetatem legitimam habuerit insignire dignis pro gratia Vicissitu-
dine Regiae | Cel|situdinis muneribus compensentur Omnia jura
et ipsorum Privilegia qnae dudum circa Coronationem Nostram
et aliis postmodum momentis et temporibus ipsis concessimus
vel quae eis alii Reges et Principes veri haeredes Regni Poloniae Praedecessores Nostri ab antiquis temporibus concesserunt
patrocinio | praesentis Nostri Privilegii Ratificamus, Approba-
mus, Renovamus et Confirmamus sub infrascriptorum modera-
mine articulorum, quorum regulationem si que obscura tenor

praedictorum Privilegiorum comprehendit sensum recipient clariorem et ambigua omni dubietate carebunt per quae intellectus confundi et | nasci errores consueverunt. Primo quidem quod universas Aedes Sacras seu Ecclesias in omnibus earum juribus et immunitatibus et Libertatibus ac metis et distinctionibus antiquis, quibus temporibus Divorum Praedecessorum Nostrorum Poloniae Regum et Ducum fruebantur volumus omnimode conservare, Digni | tates autem Ecclesiasticas aut Seculares Regni Poloniae aequo modo circa jura et consuetudines ac libertates ipsorum quae et quas temporibus Serenissimorum Principum, Dominorum Casimiri, Ludovici et aliorum Regum ac Ducum Haeredum Regni Poloniae obtinebant, dimittimus, persistere, permanere. | Quas quidem dignitates cum eas vaccare contigerit, nulli extraneo Terrigenae nisi Nobili benemerito et in fama laudabiliter conservato illius terrae, in qua dignitas hujusmodi vel honor vaccaverit Terrae videlicet Cracoviensis Terrigenae Cracoviensi, Sandomiriensis, Terrigenae Sandomiriensi et Majori Po|lonia Terrigenis Poloniae Majoris et sic de singulis terris Regni Poloniae dabimus vel quomodolibet conferemus, super quibus etiam dignitatibus Ecclesiasticis et Secularibus literas expectativas nulli Personae dabimus in futurum. et quod praedictas Dignitates tam ecclesiasticas quam Seculares non debemus minuere, | nec etiam suffocare et possessores census aut sollaria ad eas pertinentia absque Juris debito examine non auferre. Item quia per tenutarios Castrorum et Fortaliciorum alienae Gentis et extraneae Nationis Regnum in se et in suis partibus crebrius prelitare continget, pro eo et ex eo nulli Ducum | et de Ducali Genere descendenti seu extraneo alienigenae cuipiam aliquod Castrum, Fortalicium aut civitatem ad regendum pro tempore vel in aevum dabimus, assignabimus aut quomodolibet conferemus, nec etiam aliquem talium in Capitaneum aut Tenutarium Terrae alicujus aut Terrarum Regni Nostri | praedicti perficere volumus, nec etiam surrogare. Item promittimus insuper et spondemus quod dum ad requisitionem Nostram Nobiles Nostri Regni extra metas ejusdem Regni Nostri ad repellendam hostium serviciam transferre contigerit ipsis satisfactionem condignam pro

captivitate caeterisque damnis notabili|bus faciemus, metas vero
seu granicies saepe dicti Regni Poloniae memorati Nobiles ab
insultu et incursu emulorum et hostium propriis sumptibus tueri
debent et omnimodo teneantur. In casu vero quo aliquis emulus Regni
Nostri quocunque modo Regnum ipsum intraverit et cum eodem
conflictum intra | metas ejusdem Regni Terrigenas Nostras fa-
cere contigerit eisdem Terrigenis pro captivitate duntaxat.
Si vero extra metas ad ipsum fieri contigerit tunc et pro
dampnis sique quod absit incurrerint et pro captivitate satisfac-
tionem condignam impendere. Et si quis ex Nostris Baronibus, Nobi-
libus. | Proceribus seu Terrigenis aliquem vel aliquos captivum vel
captivos cujuscunque, status conditionis aut eminentiae fuerit, cap-
tivaverit, illi vel illis promittimus a quolibet hujusmodi captivo
dare et solvere unam Sexagenam monetae in Regno Nostro cur-
rentis et recipere pro Nobis captivum depactandum. Exceptis
Civibus et Plebeis quos ille vel illi depactent, qui eos duxerit seu
duxerint captivandos pro libitu suae voluntatis. Item quodquando
praefatis Nostris Terrigenis extra metas Regni Nostri expeditiona-
liter exire seu transfere mandabimus seu mandaremus quinque
marcas super quamlibet hastam dare, solvere et distribuere,
promittimus in civitate notabiliori cujuslibet Districtus seu ante-
quam extra metas Regni Nostri exiverint praedicti, casu vero
seu successu temporis offerente dum infra spacium duorum annorum post distributionem pecuniarum sicut promittitur factam
ad Expeditionem non proces | serimus ex tunc idem Terrigenae
ab hujusmodi pecuniis et servitiis ratione praedictarum pecuniarum faciendis erunt soluti penitus et exempti. Si antem infra
decursum eorundem duorum annorum ad expeditionem cum eisdem Terrigenis Nostris transitum fecerimus et extra metas Re-
gni cum expeditione processerimus ex tunc praedicti Ter|ri-
genae ab iisdem pecuniis et serviciis praetextu earundem similiter sint soluti. Item promittimus pro Inclytis Filiis Nostris prae-
dictis quod postquam dante Domino unus Illorum in Regem elec-
tus Sceptro Regni Poloniae amplectetur moneta ex quocunque
genere Metali absque consensu et Consilio speciali Praelatorum
et Baronum | in Regno Poloniae cudere non permittet, quem-

6

admodum Nos sine ipsorum Consensu et Consilio hujusmodi
monetam cudere noluimus nec cussimus. Absolvimus insuper et
perpetuo liberamus omnes et singulos Omnium Nostrorum Terrigenarum Cmethones ab omnibus solutionibus, contributionibus
et exactionibus, vecturis, labo|ribus, equitaturis, podwodis dic-
tis, angariis, gravaminibus, frumentorum dationibus dictis Sepp
vulgariter, praeterquam duos grossos monetae usualis Polonica-
lis et in Regno Poloniae communiter decurrentis, quos quidem
duos grossos quilibet Cmetho praedictorum terrigenarum de quo-
libet Laneo possesso etiamsi illum | plures personae possideant
Scultetis eorum et servitoribus, quos ab hujusmodi solutione
duorum grossorum esse volumus liberos et exemptos nec non
et Molendinatoribus, Thabernatoribus et Ortulanis non habenti-
bus nec colentibus agros hoc est Mansos seu Laneos integros
vel medios duntaxat excep tis atque demptis singulis annis in
futurum in Festo Sancti Michaelis Archangeli usque ad diem
Sancti Nicolai solvere sit adstrictus. Si autem praedictorum mo-
lendinatorum sive Thabernatorum aut ortulanorum aliquis integrum Laneum agrorum coluerit, tunc ad solutionem duorum
grossorum, si vero medium Laneum | adsolvendum unum gros-
sum similiter monetae praedictae Nobis sint adstricti, ad quos
quidem duos grossos monetae praescriptae, alias Serenissimo
Principi Domino Ludovico Regi Hungariae et Poloniae solvere
libere se submiserunt. Quodsi infra praefixum terminum Nobis
aliqua villa pecuniam hujusmodi solvere neglexerit | extunc
exactor Noster quem pro tollenda eadem exactione duxerimus
deputandum in eadem villa unum bovem ratione non solutionis
absque spe restitutionis habebit recipiendi omnimodam faculta-
tem. Si vero infra quatuordecim dies post ejusdem bovis recep-
tionem eadem villa et quavis alia dictam pe|cuniam non solve-
rit ex tunc exactor Noster duos boves consimili modo sine spe
restitutionis recipiat atque tollat, memoratus etiam exactor pecuniarum praedictarum praetextu note quod napissne dicitur nihil
exigat neque tollat et nihilominus literis suis Kmethones quietet
de solutis. De civitatibus autem antiquis | et novis tempore Re-
giminis Nostri locatis sic statuimus quod ille Civis seu oppida-

nus qui civitatem cum uxore, filiis et familia inha|bitat et agrum solus vel per suum ortulanum aut agricolam colit non teneatur ad praedictam Porad|lne pensionem, sed si ante oppidum vel civitatem resideret, solvat praefatam porad|lne pensionem, ac si in villa resideret, non obstante quod ad Jus et Jurisdictionem ejusdem Oppidi seu civitatis pertinere vel cum eis Onera sufferre prohibeatur. Item spondemus, quod in nulla terra totius Regni Nostri Poloniae Justiciarium constituere volumus vel quomodolibet surrogare, praeterea promittimus singulos | articulos et clausulas in Privilegiis nullo vitio falsitatis depravatis Serenissimorum Principum Dominorum Casimiri et Ludovici ac Omnium aliorum Regum, Ducum ex vera Successione haeredum antiquorum Regni Poloniae Ecclesiis, Terrigenis et Civitatibus concessis Nostrorum Praedecessorum contentas praesertim | commodum et profectum Nostrum Regnique Poloniae saepefati et ipsius Incolarum concernentes firmiter et inviolabiliter perpetuis temporibus observare et tenere. Item pollicemur, quod nullas Staciones seu procurationes vel descensus in Civitatibus, villis et haereditatibus Curiis ac Praediis Ecclesiarum, Nobilium | et Terrigenarum Nostrorum faciemus. Si vero casualiter oportunitate et necessitate Nos cogente staciones in bonis, civitatibus, Castris aut Curiis Ecclesiarum vel Nobilium Nos facere contigerit, ex tunc nil vi vel potentia recipere faciemus, immo vel quomodolibet facere recipi permittemus, quaeque necessaria Nostris | pecuniis propriis volumus comparare, Caeterum promittimus et spondemus quod nullam Terrigenam possessionatum pro aliquo excessu seu culpa capiemus seu capi mandabimus; nec aliquam vindictam in ipsum faciemus nisi Judicio rationabiliter fuerit convictus et ad manus Nostras vel Nostrorum Capitaneorum per Judices | ejusdem Terrae in qua idem Terrigena residet praesentatus, illo tamen homine, qui in furto vel in publico maleficio utpote incendio, homicicio voluntario, raptu virginum et mulierum, villarum depopulationibus et spoliis deprehenderetur. Similiter illis, qui de se nollent debitam facere cautionem, vel dare juxta | quantitatem excessus vel delicti duntaxat exceptis. Nulli autem bona seu pos-

6 *

sessiones recipiemus nisi fuerit judicialiter per Judices competentes vel Barones Nostros Nobis condempnatus. Item promittimus, quod omnibus Terrigenis cum bonis et haereditatibus Nostris granicies postulantibus ac petentibus non dene|gabimus.

Item pollicemur quod omnes terras Nostras Regni Poloniae etiam terram Russiae includendo salvis tamen avenae contributionibus, de quibus Nobis ad tempora vitae Nostrae sola Russia respondebit — ad unum Jus et unam legem communem omnibus terris reducemus, reducimusque, adunamus et unimus tenore praesentium | mediante. Item attendentes quod dicti Nostri Regniincolae et Inhabitatores Regni Nostri in favorem Nostrae Majestatis Privilegiis ipsis per Nos et Nostros praedecessores concessis quomodocunque derogarunt eadem ipsorum privilegia Nostra et Praedecessorum Nostrorum Regum et Ducum et Haeredum legitimorum et verorum Regni Poloniae praedicti | ad statum priorem reducimus, reintegramus restauramus ac praesentis scripti patrocinio confirmamus, ratificamus et declaramus ipsasque robur obtinere perpetuae firmitatis. Item si qui Terrigenae aut quivis alii Incolae Regni Poloniae praedicti pendente lite in judiciis pro quibuscunque causis concordare voluerint | a poenis Nostris ac Judicum et Subjudicum Palatinorum et Castellanorum eosdem liberos facimus et solutos. Item promittimus quod nulli poenas super nobilibus ad quas Nobis judicialiter fuerint condempnati exigendas donabimus sed eas per Nos et Nostros Capitaneos vel Officiales exigemus et exac|tas jnxta beneplacitum Nostrum convertemus. Item omnes Incolæ terrarum Cuijaviensium et Dobrinensium de avena solita quam Nobis solvere consueverunt ad decem annos duntaxat Nobis reddere sint astricti, quibus revolutis ab hujusmodi avena liberi sint et exempti. Item Notarii Terrestres ad officium | Notariatus promoti semper soli Judiciis et non per aliquos surrogandos vel subscribas resideant, ubi commode potuerint, alias licet habere eis substitutos quos Baronibus, judicibus terrarum in quibus officium hujusmodi possident substituendos praesentare teneantur. Et quod tales sint bonae famae et a dictis | Baronibus et Judicibus ad officium hujusmodi approbati, alias a Nobis continuo hoc ipsorum officium aliis habilioribus et magis assiduis conferenda sint affecta, nulla autem levis causa nisi ardua absentiam Notariorum poterit excusare. Harum quibus Sigillum Nostrae Majestatis appensum est Testi|monio literarum. Actum in Cracovia feria sexta infra octavas Epiphaniae Domini anno ejusdem Millesimo Quadringentesimo Tricesimo Tercio. Praesentibus Reverendis in Christo Patribus Magnificis et Nobilibus Alberto Sanctae Gnezensis Ecclesiae Archiepiscopo et Primate. Sbigneo Cracoviensi, | Johanne Vladislaviensi, Johanne Chelmensi Episcopis, Nicolao de Michalow Castellano et Capitaneo Cracoviensi. Petro Schaffranecz Sandomiriensi, Martino de Calmowa Sieradiensi, Johanne de Lichin Brestensi, Jarando de Grabye Vladislaviensi Palatinis, Petro de Bnyno Gnezensi | Laurentio Zaramba Sieradiensi, Alberto Malski Lanciciensi, Dobeslao do Oleschnicza Woynicensi, Crystino de Cosyglowy Sandecensi, Domaratho de Cobylani Biecensi, Cristino Brestensi, Joanne de Crethcowo Dobrinensi, Warsio de Samborzecz Zawichostensi, Paulo Slodziei Malogostensi, | Stanislao Gamrath Polaneczensi, Paschkone de Gosławice Conariensi, Stanislao de Goszdna Brestenzi Castellanis, Johanne de Oleschnicza Regni Nostri Poloniae Marschalco Petro de Pijeskowa Skala Cracoviensi, Petro Cordebog Poznaniensi Stanislao Byelawski Lanciciensi, Stanislao Sczkowski | Vladislaviensi, Andrea de Lubin Dobrinensi Regni Nostri Poloniae Thesaurario Subcamerariis. Paulo de Bogumilowicze Cracoviensi, Johanne de Sprowa Sandomiriensi, Abrahe de Sbanschin Poznaniensi, Petro de Widawa Sieradiensi, Nicolao Słup Dobrinensi Judicibus, Stanislao de Char|binowicze Sandomiriensi, Zegota de Moykowicze Sieradiensi, Alexio Dobrinensi, Nicolao de Cosczelecz Bidgostiensi Wexilliferis, Petro Strykowski Pincerna Lanciciensi, Sigismundo Bobowski Cracoviensi, Zawissio de Oleschnicza Sandomiriensi Subjudicibus et aliis Militibus, Nobilibus | in generali Parlamento seu Conventione constitutis. Datum per manus praedicti Reverendi Patris Domini Johannis Episcopi Wladislaviensis Regni Poloniae Cancellarii et Venerabilis Vladislai de Oporow decretorum Doctoris Decani Cracoviensis Sedis apostolicae Prothonotarii ejusdem Regni Vice Cancellarii. (Diefes Document ift in der legalen Ausgabe der

Gesetze: Leges, statuta, constitutiones privilegia Regni Poloniae Magni Ducatus Lithvaniae omniumque provinciarum annexarum — Varsavii 1732. Seite 89 aufgenommen.) (Lemberger Stabtarchiv im fasc. der seltenen Dokumente und Zubrzycki: kronika miasta Lwowa. 1844. pag. 95.)

Beilage XI.

Odemnie Bohdana Chmielnickiego Hetmana Woysk J. Carskiey Mosci Zaporozkich Wam Maiestratowi Miasta Lwowa wszelakiey kondiciey Ludziom na ten czas tam zostającym życąc zdrowia dalszego w nasze posyłame pisanie. Samemu Bogu to jest jawno że my rozlania krwie chrzescianskiey nigdy nie życzylismy y potem transactie wszystkie jeżeliśmy woyska nasze tu ruszali Czyniliśmy to wszystko zadaniem przyczyny z Strony Woysk Koronnych; jakoż y rokow przeszłych za Wiszniewieckim idąc tu przyciągnąwszy wam naszą postaralismy łaskę, a teraz gdy nam Pan Naywyższy zdarzył woyska Koronne rozgromić do Szczętu pod Grodkiem. Uczynąc dosyc Chrzescianskiey powinnosci (lubo Waszego upokorzenia się nie widzimy) żądamy jeżeli sobie przy zdrowiu zostawać życzycie. Już żadne niskąd nie mającu tochy y posiłkow sobie nie idąc ni zaczyją radą abyście nam zaraz nieodwłoczną dali resolutią, niewątpiąc namnicy ze za upokorzeniem się Naszey osobliwey uznacie łaski, A Jeżeli inaczey nieupokorzaiącemu się według przeciwienstwa nieomyslnie się nagrodzi. A wy tym czasem daycie respons. W życzliwy prz(yjacie) łł. B. Hetman CHmielnicki ręką swą.

Z Obozu d. 3. 8bris 1655.

(Uebersetzung.) Von mir Bohdan Chmielnicki, Hetman der zaporogschen Heere Seiner Car'schen Majestät Euch Magistrat der Stadt Lemberg und sämmtlichen welch' immer Standes daselbst gegenwärtig verweilenden Leuten fernerhin gute Gesundheit wünschend. Wir übersenden Euch dieses unser Schreiben. Gott allein ist es klar, daß wir nie christliches Blut zu vergießen gewünscht haben, und wenn nach dem Geschehenen wir mit unserm Heere anherrückten, thaten wir Alles nur aus Veranlassung Seitens der Heere der Krone, so haben wir auch in den vergangenen Jahren, wo wir dem Beispiele Wiszniewiecki's folgend anherzogen, Euch unsere Gnade angedeihen lassen, und jetzt wo uns der Allerhöchste gewährt hat das Heer der Krone bei Grodek gänzlich und spurlos zu vernichten, wünschen wir (obzwar wir Euere Unterwürfigkeit nicht gewähr werden) der christlichen Pflicht nachzukommen, wenn nur Ihr wohlerhalten zu werden wünschet. An Muth gelähmt, und nirgends woher Hilfe hoffend, wollet Ihr Niemandens Rathe folgen, sondern uns sogleich Antwort geben, ohne Aufschub und keinen Zweifel hegen, daß Ihr für Euere Unterwürfigkeit unsere Gnade erfahren werdet, als man sonst dem Uebermüthigen nach-seiner Widerspänstigkeit rücksichtslos vergelten müßte. Und Ihr gebet einstweilen Antwort. — Euer Euch gewogener Freund.

B. **Hetman Chmielnicki** mit seiner Hand. Aus dem Lager 3. Oktober 1655.

Moi łaskawi P. P. Maiestratowi Miasta Lwowa.

Jawnie widzimy lekkomyślność Waszą z znacznym uporem zmieszaną, że wy nad functią powagi naszey widząc przeciwko Sobie znaczną oswiadczoną przez list nasz łaskę, lekce sobie one poważaiąc y nie garnąc się z swoim upokorzeniem się do oney, jeszcze od nas, ze, iakichsi potrzebuiecie obsides za swoich ludzi ktorych chcecie wyprawowac; Wszak pamiętno to wam być może Że y przed temi laty gdyscie osobliwey Clementiey uznali naszey, za iednym przyrzeczeniem słowa Naszego sine ullo obside otrzymaliscie onę. Jeżeli tedy chcecie politowania nad sobą y nie życzycie przy upornych, y innym niewinnym ludziom zguby, (tak jako y niektorzy za uporem miasta pomstę od Boga już odniesli, a inni przez pokorę y teraz zdrowo zostaią) Już nie pokładaiąc niwkim nadzieie, nam daycie declaratią bez Zabawy przez swoich porzuciwszy ten upor y nie czekaiąc obsides, Upewniamy gdy Waszą obaczymy pokorę przy całości zdrowia zachowani będziecie, a jeżeli inaczey jawno Bogu nie nasza wina bo iuż nad Functią powagi naszey czynimy że was upominamy, atoli życząc wam dalsze zdrowia na ostatnią Czekamy declaratią Wam wewszem życzliwy Bohdan Chmielnicki

Z obozu 5. 8bris 1655.

H. Z W J C M mp
(Hetman Zaporozkich Woysk
Jego Carskiey Mości.)

(Ueberſetzung.)

Meine gnädigen Herren bom Magiſtrate ber Stabt Lemberg. Klar ſehen wir Euern Leichtſinn gemiſcht mit bebeutenber Hartnäckigkeit, mit welcher ihr bie ſelbſt mit Beeinträchtigung unſe= rer Würbe in unſerm Schreiben berſprochene Gnabe nicht erwäget, unb nicht in Demuth zu ihr Zuflucht nehmet, ſonbern Geißeln ber= langet für euere Leute, bie ihr hinausſchicken wollet. Ihr ſolltet boch ber beſonberen Gnabe nicht uneingebenk bleiben bie über eine bloß wörtliche Zuſicherung unb ohne einen einzigen Geißel wir Euch bor einigen Jahren haben angebeihen laſſen. Wenn Ihr bemnach unſer Mitleib erregen wollet, unb nicht wünſchet, baß wegen ber Hartnäckigkeit Einiger auch anbere, bie Schulbloſen, Schaben leiben (ſo wie Gott Vielen für ihre Hartnäckigkeit ſeine Rache hat fühlen laſſen, Anbere bagegen wegen ihrer Demuth wohlerhalten worben ſinb), ſo rechnet nunmehr auf keinen Beiſtanb, ſo gebet uns Eure Erklärung ab, ohne Zeitberluſt burch Eure Leute, ohne Halsſtarrig= keit unb ohne Geißeln zu erwarten. Wir berſichern Euch, baß Ihr, wofern wir Eurer Demuth gewahr werben, alle wohlerhalten unb geſchont werbet; wenn anbers, nehmen wir Gott zum Zeugen, baß es nicht unſere Schulb ſein wirb, benn wir ſetzen ſchon unſere Würbe hintan, baß wir Euch ſo oftmals ermahnen. Deßungeachtet wünſchen wir Euch Wohlergehen, harrenb Eurer letzten Antwort. Euch in Allem wohlwünſchenb Bohdan Chmielnicki Hetman ber Zaporog'ſchen Heere Seiner Car'ſchen Majeſtät m. p. Aus bem Lager 5. Oktober 1655.

Bohdan Chmielnicki Hetman Woyska zaporoskiego.

Wam Lwowianom w łasce Boga Najwyższego. Mnie was objąwszy w wielkim jest podziwieniu. Lubo na króla Kazimirza oglądacie ale o tym nic ze znaszed sobie drogie, krol Jego M. Szwedzki ze już Krakow opanował A zemną Braterstwo wziął,

sktorym wziąwszy pewne kontrakty Naczym Krul Jego Mość
Szwedzki ma disponować. O tych my się rzeczach porachowali
Aby był wilk syty y kozy całe, Względem Jednak Chrze-
sciaustwa Naszego życze tego Jako tak rozumiem ze temi czasy
Macie o tym wszystkim wiadomość że krol Szwedzki, y Car
Jego M. Moskiewski przez kilka liat Wziąwszy z nami Koza-
kami pewną Ligę wszyscy teraz Na polskę nastąpili. Jednak
my stemi trzema Narodami już się podzielili Krul Jego Msc
Szwedzki Co mu Pan Bog podał do dispositiey niech trzyma A
co nam Pan Bog pomogł krainie swey ruskiey zaiachać przy
tem stoie O Jego Msci Pana Grodzickiego. Zycze tego Aby
Jego Msc Pan Grodzicki niczego się niewarując chciał zemną
jako z dawnym przyjacielem Oczewiscze się obaczyć gdzie o
większych rzeczach oczewiscie z Jego Msczą Obaczywszy y
pewnieyszą Relatią z sobą uczynimy. Z czego, Ażali będzie
Pan Bóg pochwalon A ludzie ubodzy aby się weselili, Przy-
tem day Panie Boze WMsciom dobrą noc,

Wlm wszego Dobra życzliwy

Dat. z Taboru 19. 8bris 1655.　　　　　Ręką swą.

(Jeber biefer Briefe war gefiegelt mit Oblaten. Das Siegel
stellt einen nach links schreitenden Kosaken dar, der den Säbel um-
gürtet, nnd ein Gewehr wagrecht geschultert trägt, den rechten Arm
in die Seite stemmend; die unleserliche Umschrift ist in moskowi-
tischen Schriftzeichen.)

(Ueberfetzung.) Bohdan Chmielnicki Hetman des Zaporogschen
Heeres. Euch Lembergern in Gnade des allerhöchsten Gottes. Mir, der
ich Euch umzingelt habe, kommt es wunderlich vor, daß Ihr Euch
nach dem Könige Kasimir umsehet, der sich seinen Weg nicht gefun-
den hat. Se. Majestät der König von Schweden hat Krakau schon
in seiner Macht, und ist mit mir Bruderschaft eingegangen, und
ich habe mit ihm gewiße Verträge eingegangen, wornach Se. Majestät der König von Schweden hierüber zu befehlen hat. Darüber
sind wir schon miteinander eins geworden, damit der Wolf satt
werde und die Ziegen ganz bleiben. Doch in Betreff unserer Christenheit
wünsche ich es. Soviel ich verstehe, habt ihr in diesen Zeiten von
Allem Kenntniß, daß der König von Schweden und Se. Majestät

7

der Moskauer Car vor einigen Jahren mit uns Kosaken ein gewisses
Bündniß geschloßen und wir Alle das polnische Land jetzt betre=
ten haben. Allein wir haben uns mit diesen drei Völkern bereits
getheilt. Se. Majestät der König von Schweden möge behalten,
was Gott in seine Macht gegeben. Was uns Gott für unser ruthe=
nisches Land einzunehmen gegönnt hat, dieß beruht auf den Gestren=
gen Herrn Grodzicki. Ich wünsche es, daß der Gestrenge Herr
Grodzicki sich ohne allen Vorbehalt entscheide, mit mir als altem
Freunde persönlich zusammenzukommen, wo wir uns persönlich sehend
von wichtigeren Sachen und verläßlicher berathen werden, worüber
Gott sei gelobt, sich die armen Leute freuen mögen. Hiebei gönne
Ihnen der Herr Gott eine gute Nacht, Euch alles Gute wünschend
— eigenhändig im Feldlager 19. Oktober 1655.
(Zubrzycki — kronik. Seite 351 u. f.)

Der gegenwärtigen Veröffentlichung dieser Blätter dürfte die
Rechtfertigung auferlegt werden, entweder die Nachtheile zu zeigen,
welche die innerhalb der letztverfloßenen zehn Jahre bestandene Thei=
lung des Landes verursacht hat, oder wenigstens die Spuren künf=
tiger sich hieraus erst entwickelnder übeln Folgen nachzuweisen. Hier=
nach würde eine Geschichte des Landes etwa vom Jahre 1848 her=
wärts bis in die wirkliche Gegenwart die Lage der Sachen ins
Klare bringen. Zu diesem Ende müßten die res gestae nicht blos
von der ruthenischen Seite, sondern auch aus den polnischen Lagern,
welche begreiflicher Weise auch außerhalb der Gränzen der König=
reiche Galizien und Lodomerien und des Großherzogthums Krakau
bestehen, wie nicht minder auch Regierungs = Verordnungen einer
offenen Besprechung unterzogen werden. Bei der Fortdauer der öffent=
lichen Verhältniße, wie sie sich innerhalb der letzten zehn Jahre aus=
gebildet haben, dürfte das Geschichtsblatt dieser Periode beiläufig Fol=
gendes enthalten: Die in den in= und ausländischen Zeitungen mitge=
theilten Nachrichten aus Warschau, Posen, Paris, London, Berlin
Turin und Konstantinopel — aus Galizien Berichte über die Aus=
brüche, die Verbreitung und Erlöschen der Rinderpest, über Staatsan=
lehen, Grundentlastung, Steuersachen, Straßen= und Eisenbahnbau,

über die Neuerrichtung von mehr als fünfhundert Dorfschulen, meh-
rerer Realschulen, Gymnasien, Stiftungen, botanische Gartenschule,
Thierarznei = Institut, Ackerbauschulen zu Dublany und Czernichow,
Laudwirthschaftsgesellschaften zu Krakau und Lemberg, katholischen
Gesellenverein, andere Vereine für Humanität, Armen = und Kran-
kenpflege, ja selbst für Geselligkeit: somit ungeachtet der mühevol-
len Anstrengungen, die gemacht werden mußten um die eigenen und
Lokalverhältnisse mit den Anforderungen der Gegenwart zu konsolidi-
ren, im Ganzen ein befriedigendes Bild des Fortschreitens in der
Kultur, aber über nationale Stellungen kaum mehr als — — —.

Wenn das Oktoberdiplom und die Februar = Verfassung alle
anderen Uibel eben so schnell und glücklich hätten überwinden können,
als es ihnen gelungen, den zeitweilig Stummen die Sprache zu
geben, und selbst den Befangenen Herz und Mund zu öffnen, so
dürfte Gesammtösterreich und jedes seiner Kronländer schon
jetzt dauernder Wohlfahrt sich erfreuen. Allein Christus der Herr
hat nicht ohne Ursache geseufzet, als er den Stummen reden machte.
Indessen ist bis jetzt soviel erreicht, daß sich vor der Hand der
Stand der Dinge erkennen und unterscheiden läßt. Selbst die durch
ihre Schweigsamkeit gerühmten Ruthenen haben sich entschlossen,
ihrerseits sogar Blaubücher auf den Tisch der Oeffentlichkeit zu legen,
und dadurch den Schleier zu lüften, wodurch auch das, was noch
verhüllt ist, in deutlichen Umrißen für die Zukunft gezeichnet
erscheint.

Das Werkchen: „Historische Skizze über die Dotation des
ruthenischen Clerus" (Wien, 1861. Wallishauser) eröffnete den
Reihen. Die polnische Tagespresse (Głos N. 106, Czas N. 112)
entgegneten, aber die Broschüre des Geistlichen Hrn. Sewerin Mo-
rawski: „Uwagi nad broszurą Historische Skizzen (Lwów 1861.
zakład narod. im Ossolińskich) hat mit echter historischer Wahr-
heitstreue die Unrichtigkeit der meisten in der angeblichhistorischen
Skizze enthaltenen Behauptungen dargelegt, wenn gleich die als
Widerlegung der ruthenischer Seits angegebenen Verkürzung gelie-
ferte Nachweisung: daß die aus dem ostgalizischen Religionsfonde
für den lateinischen Cultus im Jahre 1862 zu leistenden Ausgaben
109.717 fl., für den ruthenischen aber 502.749 fl. ö. W. betragen,

nur beweiset, daß der lateinische Clerus an für ihn gestifteten Ver=
mögen besser dotirt, und der Ruthenische der Subvention der Re=
gierung bedürftiger ist, ja nach den greifbaren Wünschen der histo=
rischen Skizze dieser Subvention zu entsagen willig wäre, wenn
ihm ein gleiches gestiftetes Vermögen, wie es der Lateinische besitzt,
angeboten und überkommend gemacht würde; daß ferner das Ver=
langen nach Erhöhung der Dotation, ebenso wie der Steuerjammer
zu allen Zeiten und in allen Ländern der alteuropäischen Welt (die
Hochkirche Englands nicht ausgenommen) akklimatisirt, heimisch sind,
und daß jedes dieser Länder seine guten und überreichen, andern=
theils aber auch seine kargen, kümmerlichen Pfründen habe.

Bei Weitem wichtiger ist: die ruthenische Schrift = und Sprachen=
frage" (Lemberg 1861. Stauropigianisches Institut) „ein im Bewußt=
sein des Rechtes, im Gefühle des Sieges nicht ohne Bitterkeit und Hohn
offenbar von Mehreren redigirtes Werk. Etwa vor dem Zeitalter
des Con = fu = tse und an den Ufern des gelben Flußes wären die
Dinge — von welchen es berichtet, der Bewunderung der Welt
sicher gewesen, aber in der zweiten Hälfte des neunzehnten Jahr=
hunderts, wo die Nationalitäts = und Sprachenfragen meistens nur
das vorhandene Bedürfniß im Streben und Ringen nach höhern
Culturzuständen beurkunden, in österreichischen Ländern zu einer Zeit:
wo an Einigkeit im Innern Jedem über Alles gelegen sein mußte
(Mai 1859.), kann nur Unwille und Aergerniß erregt werden. Kaum
irgend eine Regierung in Europa dürfte sich je dazu verstehen und
die Nothwendigkeit begreifen, sich in ein Unternehmen einzulassen —
um einem Theil ihrer Unterthanen neue Ortographie und Schrift=
zeichen zu oktroiren. — Polen und Czechen haben ihre Schrift,
jene vor dreihundert, diese vor wenig Jahrzehnden ohne Gebot und
Einmischung ihrer Regierungen geändert. Dem Lande Galizien war
allein ein solches Experiment vorbehalten. Sowohl das Experiment
als das hierüber jetzt erschienene Buch, welches zu den Vorgängen
auch noch die einschlägigen Aktenstücke veröffentlicht, können ohne Un=
recht zu thun als Nationalwerke betrachtet werden. — Im Bewußt=
sein des Mangels eigener Literatur haben die Ruthenen hier gleich=
sam in solidum ihre Grenzmarken gegen ihre slavische Stammver=
wandtschaft selbst gezogen, und zum Uiberfluße ausgesprochen, daß

dasjenige, was auf diesem Boden nicht aus Uiberzeugung, Bedürf=
niß und Gewohnheit sich gutwillig anschließt, weicht oder nachgiebt,
durch Conferenzen oder Vertrauensmänner nicht erreicht, durch Ver=
ordnungen und Gewalt nimmermehr auf= und abgedrungen werden
kann. Jene Vorgänge zeigen den innern Zusammenhang und die
gegenseitigen Wirkungen der Schrift, der Sprache, des Cultus, der
Nationalität, der Macht der Gewohnheit und der Verhältnisse, wo=
durch auch kein Zweifel erübrigt, daß in den Ruthenen Mißtrauen
geweckt und nach einer Richtung gelenkt worden ist, zu welcher sie
sonst jederzeit mit unbedingtem Zutrauen zugestanden; andererseits
kennt man dem Buche an, daß es über die eigene Natur ging, eine
so günstige Gelegenheit, um dem aus den Reihen der Combattanten aus=
getretenen wirklichen oder vermeintlichen Gegner aus sicherem Port
einen Kicks versetzen zu können, ungenützt vorüber gehen zu lassen.
Die Versuchung war zu groß. — Die Regierung, in deren Namen
diese erfolgwidrigen Vorgänge eingeleitet worden, gewann ihrerseits
die Erfahrung des Geschehenen mit möglichst geringer Einbuße, wäh=
rend die im Jahre 1860 durch die Aufhebung der bestandenen Thei=
lung erfolgte Restitutio in integrum für Alle ein Gewinn war, wie
der Landtag des Jahres 1861 bewiesen hat. — Die einzige Recht=
fertigung für solche Vorgänge mag nur in der Vorstellung: daß
die ruthenische Sprache in ihren Ausbildungsbestrebungen lieber nach
rossianischem Muster, als nach einer andern der slabischen Sprache
sich zu neigen begonnen hatte und in der hieraus gefaßten und einen
offiziellen Charakter annehmenden Vermuthung liegen, daß diese Nei=
gung sich allmälig auch auf politische Verbindungen mit Rußland —
wahrscheinlich mit dem Car und der Synode, und nicht mit der Na=
tion, folglich auf den Cultus, auf die Aufhebung der Union erstrecken
könne. — Offenbar befand man sich über den eigenen Stand=
punkt nicht im Klaren, welches durch die Uiberzeugung vermieden
worden wäre, daß der galizische Ruthene den Moskowiten, sein Si=
birien und sein Regiment mehr fürchtet, als er dem Polen mißtraut,
vorausgesetzt, daß an seiner Schrift, Cultus und Nationalität nicht
gerüttelt werde. Es sind dieß Angelegenheiten im Innern des Hau=
ses und der Familie, wobei die Einmischung selbst des stammverwand=
ten Mitbewohners sich verbeten worden. Diese Einmischung erscheint

umsoweniger nothwendig, weil Niemand dagegen eingewendet hatte, wen Ruthenisches mit polnischer Schrift gedruckt ward, und gleichwie Thomas Moore's „irish melodies" zur Katholikenemanzipation seiner Landsleute beigetragen haben, so dürften die ruthenischen Volkslieder, in polnischer Schrift verbreitet, den Ruthenen selbst im Volksleben Vortheile bringen, ohne sie der Gefahr irgend einer Einbuße auszusetzen und ohne ihrer jetzt einbekannten Mission, Rußland und den Orient zur Union zu bekehren, entgegen zu stehen. Jedenfalls steht durch die Annahme der polnischen Schrift und durch das damit verbundene Aufgeben oder Erlöschen des Gebrauches der Chyrillischen, welche dann nur noch auf Kirchen = und etwa Gebetbücher beschränkt würde, dem ruthenischen Volke eine einer Emancipation gleichkommende Aenderung in der Stellung zu seiner Geistlichkeit in Aussicht. Mit einer solchen Emancipation wäre ein Hinüberziehen ins Polenthum oder der völlige Anschluß an den Latinismus nicht absolut verbunden; allein es würde sich dann fragen, ob die Ruthenen bereits in der Kultur so weit vorgeschritten sind, um auf eigenen Füßen stehen, d. i. um etwa wie andere Nationen der geistlichen Bevormundung, in welcher sie sich jetzt befinden, entrathen zu können, und nicht einer Stütze zu bedürfen, die polnischer Seits nahe liegend, und im Interesse des Landes gerne angeboten würde, endlich ob es überhaupt für den innern Frieden der Nation wünschenswerth sei, die Geistlichkeit von ihr insoweit auszuschneiden, als nothwendig ist, ihren Einfluß nach den wahren Bedürfnissen zu mäßigen. Mit alleiniger Ausnahme des protestantischen Deutschlands und der Schweiz ist der Einfluß der Geistlichkeit in allen europäischen Ländern unverkennbar, und was sich hier im natürlichen Wege herausbildet, selbstgestaltet, würde jeder Theil übernehmen, ohne eine Belastung zu fühlen, und hiernach gewinnt der Einfluß der Schriftart auf den Ritus bei den Ruthenen eine viel stärkere Bedeutung als der des Latein bei den Römischkatholischen, denn bei ihnen ist Nationalität und Ritus zugleich im Mitleid. Daß ein solcher Zusammenhang wirklich bestehe, wird in „der ruthenischen Schrift und Sprachenfrage" von der allein jetzt hiezu sich für kompetent haltenden Seite behauptet, und diese würde sich dann genöthiget sehen, sich entweder dem Schwerbermeidlichen zu fügen, oder es synodal

zu billigen. Hiezu ist keinerlei Wille vorhanden, auch wenn die damit voraussichtlichen Mühen und Kosten nicht in Anschlag kommen.
In den Maikonferenzen des Jahres 1859 im Statthaltereigebäude
zu Lemberg wurde sogleich die Tragweite des Anfangs der ersten
Einleitungen erkannt, und nicht gesäumt, das alte Hausmittel **prin-
cipiis obsta** etc. selbst auf die Gefahr hin anzuwenden, nicht bloß
der Absonderung, dem Widerstreben gegen die Fortschritte der Kultur, sondern auch der Unwillfährigkeit gegen die Regierung, der Neigung
zum Kirchenschisma und zum Moskowiterthum beschuldigt zu werden.
Daßselbe Buch ist übrigens auch als Proklamation des innigen An-
schlußes der Ruthenen an den Kaiserstaat Oesterreich anzusehen,
und erscheint somit als ein Akt der Politik, der seine Wichtigkeit in
der Aufrichtigkeit und diese ihren Grund im Interesse findet. Es ist
bekannt, daß die Aufhebung der Union in Rußland im Jahre 1839
auf Hindernisse stieß und nicht in der friedlichfreiwilligen Weise
erfolgte, als der vom Car sanktionirte Ukas darstellt, deßungeachtet
aber auf Galizien, wo damals die Einzelnheiten nicht bekannt waren, wirkte, was aus einem Hirtenbriefe des lemberger Metropoli-
ten (der im Jahre 1856 die Cardinalswürde erlangte — an Bessarion
und Isidor war die gleiche Auszeichnung vor drei Jahrhunderten
verliehen) vom Jahre 1840 hervorgeht; es ist ebenso bekannt, daß
die Union in Rußland noch jetzt daselbst ihre treuergebenen Anhän-
ger habe, und diesen werden die hierländigen Vorgänge ebensowenig
unbekannt bleiben, als dem Cabinete zu St. Petersburg, woraus
jeder Theil die verschieden ausfallenden Berechnungen ziehen, und
ettvaige weitere Eventualitäten der Gegenwart und der Zukunft sich
erklären kann. — Man mag die hierländigen Zustände im Vergleich mit andern Kronländern vor der Hand für befriedigend halten, allein nie dabei übersehen, daß hieran durch die Entwicklung
des gesellschaftlichen Lebens, des Weltverkehrs, der Kultur und
hauptsächlich der politischen Ereignisse große Veränderungen vor sich
gehen, daher es Noth thut, jede Täuschung ferne zu halten, auch
wenn es eine solche wäre, die dem eigenen Wunsche entspräche,
den man jahrelang gehegt und im Streben darnach Opfer dafür
gebracht hat, denn immer bleibt Täuschung eine Unwahrheit und
ist deßhalb auf die Länge der Zeit nicht haltbar, weil die Noth-

wendigkeit zur Erkenntniß zwingt. Polen hat solche Erfahrungen mit seinem Herzblute bezahlt, auch Oesterreich hat gleichen Tribut ent= richtet, wenn überhaupt die Rechnungen hierüber schon abgeschlossen sind und keine neuen Conti hinzukommen.

Die Erklärung der Emigration zu Paris im Mai 1852 „Polen nehme das Kirchenschisma an, unterwerfe sich dem Car, bitte und erlange Verzeihung" war eine in der Noth des Exils entstan= dene Episode. Es hätte jeder einzeln erst erobert werden müßen, wobei insbesondere die lateinische Geistlichkeit in einen eigenthümlichen Kampf, nämlich ihrer Berufspflicht mit der Vaterlandsliebe, der angebornen, nie aufgegebenen und stets genährten Hoffnungen versetzt worden wäre. Die vom Wenzl Jablonowski, der im Jahre 1860 durch seine dem Pariser Stadtumbau unter Napoleon III. nachgebildeten Projekte auch in Lemberg bekannt wurde, verfaßte damalige Unter= werfungsakte zählte zu ihren Theilnehmern auch Männer, die zum bleibenden Ruhme der Nation der Welt angehören; sie mochte, gestützt auf vereinzelte auf vaterländischem heimathlichen Boden begon= nene Versuche, und auf die Uebereinstimmung der Bitte mit dem Wunsche des Gewährenden bereitwillig aufgenommen worden sein und den vorübergehenden Vortheilen und Absichten Einiger gedient haben; der Krimkrieg und die damals hervortretenden Entwürfe schwächten ihre Bedeutung und machten Erfolge etwaiger dahin zie= lender größerer Unternehmungen zweifelhaft, daher bleibt auch der Versuch des Moskowiten Gagarin von Paris im Jahre 1856, diese Zweifel durch die Darstellung zu verwischen: wornach die Unterschiede der morgenländischen Kirche von der Abendländischen sich auf ein sehr geringes bedeutungsloses Minimum reduziren laßen, vielleicht einer mehr hiefür empfänglichen Zukunft vorbehalten, denn für jetzt und für eine noch lange Zukunft sind die Ereignisse des Jahres 1861, worüber Polen nicht allein trauert, in Angelegenheiten der mit der Nationalität innigst verbundenen Religion mit einer Wahrheit und Tiefe des Gefühles aufgetreten, welche jedes abweichende, oder an= ders lautende Projekt vernichtet und die pariser Unterwerfungsakte als farçe zeigt, was sie schon im Entstehen vor neun Jahren gewe= sen. — Mittlerweile aber treibt die galizische Presse, angeregt vom ruthenischen Blatte „Słowo" Hauspolemik auf kirchlichem Felde; sie

begann den Anfang der Kirchenunion und deren Verbreitung neu=
erlichen Diskussionen zu unterziehen, wobei es ihr noch immer
scheint, als ließe sich über Glaubensartikel paktiren und harmlosen
Gebräuchen willkührlich die Wichtigkeit eines Glaubensartikels beile=
gen, und indem man, die an der Union Mitwirkenden verunglimpft
gegen die Wiederholung des h. Meßopfers an demselben Tage und
in derselben Kirche, gegen die Altarglöckchen, gegen das Niederknieen
bei der h. Kommunion, gegen das Rasiren der Bärte der Geistlichkeit
und dergleichen Dinge eifert, welche vor etwa achthundert Jahren von
der morgenländischen Geistlichkeit der Abendländischen als Ketzereien,
heidnische Gebräuche und Barbarei vorgeworfen worden, neusollende
Beweggründe für und wider den Empfang des h. Abendmahls in
beiderlei Gestalten besprochen werden, woran man erkennt, daß die
widerstreitenden Ansichten über das Azime wiederkehren, werden an=
derseits die an der Auflösung der Union im Jahre 1839 thätigen
unirten Bischöfe Siemaszko und Łozinski als Verräther, ja noch
schärfer bezeichnet, wie etwa der Geistliche Stanislaus Orichovius
(Orzechowski) vor dreihundert Jahren in den Dissidentenstreitigkei=
ten, in welchen er weder Freund noch Feind geschont und selbst
wetterwendisch Parthei genommen hat, sich nicht deutlicher hätte aus=
drücken können, während gleichzeitig sich Einige glücklich preisen,
nach eigener Selbstbeurtheilung einen Mittelweg ausfindig gemacht
zu haben, — ein Auskunftsmittel, welches selbst Englands Hoch=
kirche nicht gestattet. Neuerung, Separation, Revolution, Reaktion
Neigung zum Polenthume und zum Latinismus, für den Moskowi=
ter und das Kirchenschisma sind die gegenseitigen Beschuldigungen,
welche im Namen und im zurechnungsfähigen Bewußtsein des ver=
meintlich nützlichsten Gebrauches der jungkonstitutionellen Freiheit des
Kaiserstaates Oesterreich und im Streben nach Nationalität und Gleich=
berechtigung hier mit stets zur Vereinigung dargebotener Hand, dort
mit greifbaren Mental = Reservationen freigebig ausgetheilt werden.
Wer vermag hier zu entscheiden, ob dieß die Schatten bereits längst=
vergangener oder erst bevorstehender, künftiger Ereignisse sind? Daß
sie nicht der Gegenwart angehören, für sie nicht geeignet sind, ihre
Sorgen nicht vermindern, die Einigkeit nicht fördern, nichts Trö=
stendes enthalten und die eigentlichen Lebensfragen trüben, fühlt die

8

Bevölkerung. Es ist in der That zu bedauern, daß Minister Bach
die in seiner Verordnung vom 8. Oktober 1850 bestimmte Theilung Galiziens in drei Statthaltereigebiete (Krakau, Lemberg, Sta-
nislau) nicht wirklich aktivirt hat, und es bei Zweien bewenden ließ.
Pokutien, Huzzulien und Galizisch-Armenien, als wahrscheinliche
Unterabtheilungen des Stanislauer Gebietes, hätten ihre Sonderin-
teressen zur Geltung bringen können, wenn sie derlei haben. Wir
müssen uns daher einstweilen mit solchen Einigungszuständen begnü-
gen, wie sie sich nicht als Folgen der jetzigen zweijährigen Wiedervereinigung, sondern als Nachwirkung der Jahre 1839 und 1848,
der bestandenen zehnjährigen Theilung von 1851 bis 1860 und
des Umstandes, daß die Wiedervereinigung des Jahres 1860 von
dem vermeintlichen Urheber der Bukwarkonferenzen des Jahres 1859
ausging, darstellen, welche eine abermalige Trennung Galiziens im
Jahre 1862 vorfinden würde.

Der Kaiserstaat und jedes seiner Kronländer strebt nach Einigung; man fühlt hiezu das Bedürfniß und erkennt, daß kein Kronland, in einem autonomen Bundesstaat konstituirt, für sich allein in
der Lage wäre, seine eigene oder des Kaiserstaats Stelle in dem
politischen Europa der Gegenwart zu wahren, und daß es unmög-
lich ist, den Kaiserstaat in seinen drei wichtigsten Beziehungen: Fi-
nanzen, Militär und Vertretung nach Außen, ohne Auflösung zu
zerklüften. — Die Mehrzahl der Länder der Kaiserkrone Oesterreichs sind ihr in derselben Weise überkommen, wie der Königs-
krone Polens das noch jetzt von verschiedenen Volksstämmen bewohnte
Großherzogthum Lithauen — durch Heirath. Wäre die Königinn
Hedwig ein Mann und Wladislaus Jagiełło die Braut gewesen,
so wäre der Vergleich noch einfacher und Polen hätte wahrscheinlich
eine andere Geschichte. Nach mehr als hundertjährigen Bestand fand
sich Oesterreich veranlaßt, seinen Länderverein durch die von allen
Höfen Europas garantirte pragmatische Sanktion gegen Innen und
Außen sicherzustellen. Der Länderverein entsprach dem Vertrauen,
das Ausland brach es und konnte ihn nicht zertrümmern. Erst etwa
dreißig Jahre später sind die polnischen Landestheile in den österreichischen Länderverein aufgenommen worden, der nunmehr seitdem
neunzig Jahre besteht und Proben seiner Festigkeit bestanden hat,

ohne daß eine Erneuerung der pragmatischen Sanktion stattgefunden. Seit dem Jahre 1848 scheint die Nothwendigkeit einer solchen Erneuerung sich fühlbar zu machen.

Polen hatte für seinen Länderverein keine von den europäischen Höfen garantirte pragmatische Sanktion, sondern anstatt dieser seine Inkorporationen und seine Union; was inkorporirt wurde, war der „Union" inkorporirt. Union und Inkorporationen waren Beschlüße des Reichstages, an welchem die inkorporirten und unirten Länder gleichen Antheil hatten, das Ausland oder die Höfe Europas hatten dabei keinerlei Intervention. Das Interesse vereinigte die inkorporirten und unirten Lande unter Eine Krone mit einer gemeinsamen Landesvertretung, und bei der Vereinigung handelte es sich mehr darum, den Thaten die Worte zu finden, als den Worten Thaten folgen zu lassen. Nicht weniger als vier solche Erklärungen erfloßen innerhalb einer Periode von einhundert siebenzig Jahren in Betreff der Vereinigung Polens mit Lithauen, und in neunzehn einfachen Artikeln sind alle Bedingniße, Rechte und Pflichten klar und vollständig abgefaßt. Da ist alles Rokokostyl, unvergängliche Lapidarschrift ohne Schrauben und Zweideutigkeit; die Urkunden von 1564 und 1569 erinnern unwillkührlich an des deutschen Dichters „Sohn der Wildniß"

„Zwei Seelen und ein Gedanke,
    Zwei Herzen und ein Schlag"

und doch — wenn wir die Geschichte Polens unzertrennlich von der Staatenbildung der Gegenwart als lehrreichen Theil der Geschichte der Menschheit Blatt für Blatt überschauen, so wird die ernste Betrachtung von dem Verdachte beschlichen, daß selbst in dieser Vereinigung mit Lithauen der Keim der Schwäche und des künftigen Unheils enthalten war. Das liberum veto wird nämlich allgemein für eine der Grundursachen des Verfalles des Reiches angesehen. Die Würde des Adels war in Polen gleich, die verschiedenen Abstufungen oder Grade des Adels kannte man nicht. Mit Lithauen kamen zum erstenmale Fürsten in den Reichstag, (Radziwiłł, Ostrog, Wiśniowiecki, Sanguszko, Czartoryski etc.) ihre Einkünfte konnten sich mit denen der jetzigen englischen Herzoge (Bedford, Sutherland, Buccleuch, Devonshire etc.) messen, während ihre Macht wegen des Einflußes der Leibeigenschaft, welcher das Bondage-

8*

System in Durham noch lange nicht gleichkommt, noch weit höher gestellt war. Allmälig lernten sie die Macht kennen, bie in ihrem Länderbesitz, in ihrem Reichthume lag, was ihre Standesgenossen, das Land und die Regierung zu fühlen begannen. Die nach der goldenen Zeit unter Sigismund August folgenden Königswahlen und Interregna gaben Gelegenheit, die Macht des Gesetzes, der Kron-würdenträger, der Fürstenfamilien und deren Bestrebungen gegen die Bedürfnisse und Wünsche der hiedurch schon getheilten Nation auf die Proben zu stellen, bie umso nachtheiliger ausfielen, als bem Beispiele der Lithauer auch Polen, die nicht geringer sein wollten, als jene, ähnliche Kräfte erstrebt hatten. Das unter Johann Kasimir entstandene liberum veto war somit die folgerichtige Nothwehre, der Schutz des Minderbegüterten, des Gesetzes und der Intelligenz gegen die Ansprüche und Gewalt der Ueberreichen. Die Gleichheit des Rechtes war zwar hergestellt, allein die Arznei erzeugte neue ärgere Uibel, als jene waren, die sie heilen sollte — indem sie zur Ein-mischung des Auslandes in die innern Landesangelegenheiten Ver-anlaßung gab. — Zu den weiteren Betrachtungen ist durch den ämtlichen Theil der Wiener Zeitung vom 15. Dezember 1861 Nr. 299 eine Unterbrechung eingetreten, wornach die oberste politi-sche und administrative Leitung des gesammten Königreiches (Gali-zien, Lodomerien, Krakau, Auschwitz und Zator) in den Händen eines in Lemberg residirenden General-Gouverneurs vereinigt werde, diesem aber zur Erleichterung und Beschleunigung des Verwaltungs-dienstes im Interesse der Bevölkerung zwei von einander unabhän-gige politische Landesbehörden, in Lemberg und in Krakau, unterstellt werden. — Der Generalgouverneur wird die politische und admini-strative Einheit des Königreiches in seiner Person zu repräsentiren, den verfassungsmäßigen Verkehr mit der Landesvertretung zu ver-mitteln, Gesetze und allgemein verbindliche Normen kundzumachen, die bezüglichen Entwürfe zu begutachten, die gesammte Landesver-waltung und insbesondere die Amtswirksamkeit der beiden politischen Landesbehörden zu überwachen haben, endlich berechtiget sein, jede in den Wirkungskreis einer oder beider politischen Landesbehörden fallende Angelegenheit aus höhern Rücksichten seiner eigenen Ent-scheidung vorzubehalten.